Excelencia, métodos y conceptos

LUIS S. R. VAS

• Capacidad para la Innovación • Destrezas de Pensamiento • Capacidades para Resolver Problemas • Creatividad • Intuición • Memoria • Habilidad para Aprender • Destrezas de Comunicación • Salud y Condición Física • Administración del Tiempo

Grupo Editorial Tomo, S.A. de C.V.,
Nicolás San Juan 1043,
03100, México, D.F.

1a. edición, octubre 2011.

Nicolás San Juan 1043, Col. Del Valle. 03100, México, D.F.
Tels. 5575-6615 • 5575-8701 y 5575-0186
Fax. 5575-6695
http://www.grupotomo.com.mx
ISBN-13: 978-607-415-342-2
Miembro de la Cámara Nacional
de la Industria Editorial No. 2961

Traducción: Luigi Freda Eslava
Diseño de portada: Karla Silva
Formación tipográfica: Francisco Miguel M.
Supervisor de producción: Leonardo Figueroa

Impreso en México - *Printed in Mexico*

Prefacio

Casi día a día el mundo crece en forma más competitiva. Más empresas compiten por los mismos mercados. Conforme se desarrollan tecnologías, las compañías pueden lograr una mejor cualidad en productos y procesos además de una mayor productividad. Igual que los clientes exigen una mejor calidad de las compañías, así las compañías exigen excelencia de sus empleados. Después de la Administración de Calidad Total, las compañías han estado buscando la Gente de Calidad Total. Ése es otro término para la excelencia.

¿Cómo logras la excelencia en un mundo de creciente complejidad y rápidos cambios tecnológicos? El primer paso es la sed de excelencia. Es la motivación para lograr calidad en todo lo que hagas. Alrededor de mundo numerosos consultores han combinado razonamientos de las ciencias de la conducta para entrenar a la gente para que logre la excelencia en diversas áreas.

En **Destrezas para la excelencia** he tratado de unir en un solo volumen la mayor parte de las ideas y prácticas que se están enseñando en empresas de todo el mundo. He comenzado con la motivación del logro y muestro cómo se puede cultivar y desarrollar esta destreza, como lo ha demostrado la investigación. Las demás destrezas que se presentan en este libro son tu capacidad para la innovación, que se extrae de las ideas de Peter Drucker y otros; destrezas de pensamiento de los conceptos desarrollados por Edward de Bono; una técnica para resolver problemas ideada por Rudolf Flesch; creatividad como la enseña Robert Fritz.

La excelencia no es sólo un asunto de pensamiento racional. Mucho depende del uso que des a tu intuición. He presentado aquí técnicas para despertar y ampliar tus poderes de intuición. También tu personalidad es un factor importante en el éxito que tengas en alcanzar la excelencia en tu trabajo y relaciones. He presentado dos enfoques a la personalidad y cómo se puede desarrollar: Typewatching y Eneagrama. Han demostrado ser útiles en cursos de entrenamiento de todo el mundo.

Al parecer, también existen destrezas más simples que no debes descuidar y que pueden demostrar ser cruciales en tu trabajo y en la vida. Son: administración del tiempo, habilidad de aprendizaje, destrezas de comunicación y tus facultades de retención. Una destreza igual de básica pero a menudo descuidada es la habilidad para mantener tu salud y condición física.

Todas estas destrezas se han abarcado de manera extensa en los capítulos específicos que se relacionan con ellas. En ellos, además, he adaptado ideas de maestros en sus respectivos campos.

Espero que estas destrezas demuestren ser útiles para ti mientras buscas la excelencia en tu carrera y en la vida. Agradeceré cualquier retroalimentación que me envíes basado en tus experiencias con ellas. Por favor, escribe a la dirección que sigue:

Luis S. R. Vas
Human Potential Institute
203-C, La Chapelle, Evershine Nagar,
Malad (W)
Mumbai-400 064
India

Contenido

1

El secreto del logro

Narayanan era un hombre de 37 años de edad, originario de Kakinada, Andhra Pradesh, India. Gozaba de un elevado nivel social en su pueblo porque era el hijo de un terrateniente prominente. Vivía con su padre envejecido y enfermo, madre, esposa, tres hijos, dos hermanos más jóvenes y tres hermanas adolescentes solteras en una casa grande. Estaba dedicado de tiempo completo a la administración de varias instituciones de caridad manejadas por la familia durante varias generaciones.

Pero se sentía vagamente insatisfecho con la vida. Un día oyó de un curso de diez días sobre la motivación de logros que ofrecía un instituto de entrenamiento en Hyderasabad y decidió inscribirse. Al terminar, Narayanan decidió cambiar la dirección de su vida en forma drástica al entrar en la manufactura a pesar de que ni él ni su familia, entonces o antes, habían tenido experiencia alguna en dirigir un negocio. Compró una compañía industrial invirtiendo una gran cantidad de dinero en modernizarla, después de convencer a su madre y hermanas a darle un préstamo de los fondos conjuntos de la familia. Cuando la empresa demostró ser exitosa, se unió a un socio para lanzar otro proyecto, una gran planta de procesamiento de grafito.

El curso que Narayanan completó con éxito se basaba en las siguientes propuestas psicológicas, que demostraron ser ciertas por el efecto que el curso tuvo en la vida de la mayoría de los participantes.

1. Entre más razones tenga un individuo para creer que puede desarrollar un motivo para un logro, que lo hará o que debe hacerlo, más probable es que tengan éxito los intentos educativos diseñados para desarrollar ese motivo.
2. Entre más se compromete un individuo a alcanzar metas concretas en la vida relacionadas con el motivo recién formado, es más posible que el motivo influya en sus futuros pensamientos y acciones.
3. Entre más un individuo lleve un registro de su avance hacia lograr metas con las que está comprometido, es más probable que el motivo recién formado influya en sus pensamientos y acciones futuros. (Fuente: *Motivación* del *logro económico,* David McClelland y David Winter.)

Los siguientes ejercicios se basan en las propuestas precedentes y están diseñados para fomentar el logro de las metas en personas con diferentes tipos de formación.

Supera las barreras al logro

Propósito: Ayudarte a valorar y superar barreras al logro.

Duración: Sin límite, pero se puede llevar a cabo en segmentos de 10 minutos.

Procedimiento

Tres de las barreras más serias al éxito son temor al éxito, temor al fracaso y perfeccionismo. Para determinar si pueden obstaculizar tu carrera, haz la siguiente prueba. Sé honesto contigo mismo. No trates de adivinar cómo respondería una persona exitosa.

Mis actitudes y sentimientos. Califica tus reacciones como A, B, C, donde:

A = De acuerdo
B = Ni uno ni otro o no sé
C = Desacuerdo

1. Cuando la situación parece ir en verdad bien para mí, me siento incómodo ya que sé que no durará.
2. La mayor parte del tiempo, encuentro que estoy a la altura de los estándares que me he puesto.
3. Encuentro difícil decir a mis amigos que destaco en algo.
4. Es importante para mí agradar a la gente con posiciones de nivel y poder más altos que los míos.
5. Cuando gano en un juego competitivo, siento un poco de lástima por el otro jugador.

6. Cuando tengo que pedir ayuda a otros, siento que abuso de ellos.
7. Aunque puedo experimentar dificultades ocasionales al hacerlo, por lo general termino proyectos esenciales.
8. Cuando pienso que he sido demasiado enérgico para hacer que un compañero comprenda una idea, me preocupa que pueda haber hecho que se sintiera poco amistoso hacia mí.
9. Cuando los compañeros me elogian en mi trabajo, siento que no son sinceros.
10. Cuando completo una parte importante de trabajo, por lo general estoy satisfecho con el resultado.
11. Cuando participo en juegos competitivos, cometo más errores hacia el final que al principio.
12. Cuando mi jefe alaba mi trabajo, me pregunto si podré estar a la altura de sus expectativas en el futuro.
13. En ocasiones creo que he llegado tan lejos en mi carrera por buena suerte, no porque lo merezca.
14. Es igual de importante ganar un juego como sólo disfrutarlo.
15. A menudo fantaseo respecto a lograr algo que nadie más ha logrado antes.
16. Me gusta ser el centro de atención en una reunión social.

17. La mayoría de mis colegas están contentos en secreto cuando me meto en problemas.
18. Soy muy hábil en casi todo lo que intento.
19. Cuando decido algo, por lo general me atengo a eso.
20. A menudo me emociono cuando comienzo a trabajar en un nuevo proyecto, pero pierde fuerza con bastante rapidez.
21. A menudo me siento decepcionado después de completar un proyecto importante.
22. En ocasiones mis logros me sorprenden ya que siento que rara vez le pongo el esfuerzo que podría.
23. Cuando me entero de los logros de otros, suelo pensar lo poco que yo he logrado.
24. No influyen en mí en uno u otro sentido las personas convincentes.
25. Cuando un proyecto parece ir bien, a menudo me asusta que algo lo estropee.
26. La forma más segura para tener una desilusión es querer demasiado algo.
27. Rara vez consulto a mis socios antes de decidir seguir adelante con un proyecto.
28. Cuando decido ir tras algo, por lo general lo logro.

29. Antes de decidir qué procedimientos emplear en mi trabajo, me gusta pedir consejo a mis colegas.
30. A veces bajo de nivel mis habilidades de manera que otros no esperen demasiado de mí.
31. Cuando alguien que conozco tiene éxito en algo, a menudo siento que yo lo podría hacer igual de bien, o mejor.
32. No me importa pedir ayuda a otros.
33. Rara vez participo en juegos competitivos.
34. Cuando tengo que completar un proyecto importante a la carrera, me molesto tanto que no me puedo concentrar en él.
35. Casi todo el tiempo siento que hago todo lo mejor que puedo.
36. Prefiero conformarme con menos que empezar a discutir al respecto.
37. No me gusta la gente que antepone sus intereses.
38. Cuando me comprometo con algo, lo hago hasta el final.
39. Me puedo concentrar con facilidad en una tarea por largo tiempo.
40. A menudo, cuando me siento para resolver un problema, me distraigo y mis pensamientos vagan a otros temas.
41. Mi trabajo tiende a apilarse tanto que tengo dificultades para completar todo.

42. No tengo muchos problemas en decir no a la gente.
43. Me gusta explorar temas en que tenga pocos conocimientos.
44. Tengo lo que se necesita para ser un éxito en el campo de mi elección.
45. Mientras desarrollo una idea nueva, a menudo suelo quedar atorado en cierto punto.
46. Me gusta evitar situaciones en que pueda haber conflictos en potencia.
47. Incluso cuando tengo buenas ideas, a menudo no las llevo hasta el final.
48. No me importa trabajar en problemas difíciles, incluso cuando no estoy seguro de que los pueda resolver.
49. Cuando estoy en una discusión acalorada, mi mente a menudo se queda en blanco.
50. Cuando comienzo a trabajar en un proyecto importante, a menudo encuentro muchas cosas que se deben resolver primero.

Instrucciones para calificar

Para tener tu calificación para la prueba, rodea con un círculo y suma los valores de los puntos 1 a 25. Luego suma una calificación separada para los puntos 26 a 50.

Artículos	Respuestas		
	A	B	C
1.	-1	0	2
2.	2	0	-1
3.	-1	0	1
4.	-1	0	1
5.	1	0	-1
6.	-2	1	2
7.	3	0	-2
8.	-2	1	2
9.	-1	0	1
10.	2	0	-1
11.	-2	0	2
12.	-2	0	2
13.	-2	1	2
14.	2	1	-1
15.	3	0	-2
16.	2	1	-1
17.	-1	0	1
18.	2	1	-1
19.	3	0	-2
20.	-2	1	2
21.	-1	0	1
22.	-1	0	1
23.	-2	0	2
24.	3	1	-2
25.	-1	0	2

Artículos	Respuestas		
	A	B	C
26.	-2	1	2
27.	1	0	-1
28.	3	1	-2
29.	-1	0	1
30.	-2	0	2
31.	3	0	-2
32.	2	1	-1
33.	-2	1	-1
34.	-2	0	2
35.	2	1	-1
36.	-2	0	2
37.	-2	1	2
38.	3	0	-3
39.	2	0	-2
40.	-2	0	2
41.	0	1	2
42.	2	1	-1
43.	3	0	-2
44.	3	0	-2
45.	-1	0	1
46.	-2	0	1
47.	-2	0	2
48.	3	0	-2
49.	-3	0	3
50.	-3	0	3

Lo que significa tu calificación

Una calificación de 28 a 47 en las preguntas de 1 a 25 indica que no tienes problemas con el "temor al éxito". Tienes una fuerte orientación al logro. Te gusta salir triunfador. Eres capaz de hacer compromisos y mantener tus proyectos hasta que sea seguro un resultado exitoso. Te enorgulleces de tus destrezas y talentos y tienes total confianza en ti mismo. Aunque piensas con independencia y eres enérgico, tus relaciones con otros son confiadas y abiertas.

Si tu calificación está entre 4 y 27, tienes tendencia a perseguir en ocasiones estándares altos en forma irreal y no siempre estás satisfecho con tus logros. Prefieres situaciones de ganar y ganar más que de ganar y perder. Te preocupa lo que otros piensen de ti y quieres agradar a todos. Por una fluctuación en tu autoestima, en forma periódica caes en recriminaciones autocríticas respecto a tus habilidades para tener éxito. Tienes algunos problemas para tomar decisiones y luego mantenerlas. Atraer la atención de todos con seguridad no es algo para ti y consideras con desprecio a los que desean ser el "alma de la fiesta". Como tienes un temor moderado al éxito, no estás empleando todo tu potencial de éxito.

Una calificación de -25 a 3 indica que deseas ganar pero que a menudo pierdes al final. Tiendes a ser demasiado pasivo y retraído, y prefieres ocupar una posición secundaria en situaciones competitivas. Por tu necesidad excesiva de agradar a otros, te abstienes de discusiones y enfrentamientos de voluntades. Te falta autoconfianza y rara vez te das el crédito que mereces por tus logros. Tiendes a dudar de alguna forma de los motivos de otros y sientes que no siempre se puede confiar en la naturaleza humana. El temor al éxito obstaculiza con claridad tus logros.

Una calificación de -36 a -24 significa que "temor al éxito" es un problema claro para ti. No eres nada firme, muy retraído y consideras la modestia como una virtud. Nunca estás satisfecho con tus logros y a menudo te las arreglas para robar la derrota a la victoria. Dudando si tienes alguna suerte en absoluto, tiendes a preocuparte por el futuro casi todo el tiempo. Como estás demasiado preocupado por las opiniones que otros tienen de ti, a menudo actúas como "tapete", aunque no te guste nada. No te gusta dar ni recibir cumplidos.

Segunda mitad de la prueba

Una calificación de 35 a 54 en las preguntas 26 a 50 indica que rara vez te preocupas por la posibilidad de fracaso. Más bien, avanzas hacia tus objetivos con una clara sensación de confianza y actúas como si fuera imposible que falles. Tienes la habilidad de continuar con tareas y problemas difíciles y rara vez renuncias. Rara vez comparas tus logros con los de otros, pero si lo haces, casi siempre sientes que pudiste hacerlo mejor que ellos. Los atributos de independencia y confianza en ti mismo te permiten mantenerte imperturbable en muchas situaciones desafiantes. Eres capaz de mantener un empuje constante y un alto nivel de fuerza en todo lo que haces.

Si sacaste 8 a 34 en las preguntas 26 a 50, en ocasiones te detiene una actitud demasiado cauta y vacilante hacia tus objetivos. Es frecuente que abrigues serias dudas respecto a alcanzar las metas que te has fijado tú mismo. Tienes problemas para concentrarte cuando algo importante está en juego. Antes de actuar basado en tus ideas, te sientes obligado a conseguir las opiniones y evaluaciones de otros colegas para tus planes. Si no te dan su aprobación o te animan, es frecuente que abandones tus planes.

Una calificación de -25 a 8 indica un temor fuerte al fracaso en muchas áreas. Te falta confianza personal ti mismo y tienes una imagen irrealmente baja de ti. Tiendes a evitar tareas importantes y te ocupas en lo que se ha probado y demostrado. Las situaciones competitivas son odiosas para ti, así como estar con personas que no conozcas. En las reuniones sientes que todos los demás tienen temas más ingeniosos y cultos para decir que tú y tiendes por lo general a actuar en forma tímida y penosa. Por tu temor al fracaso, tus aspiraciones son bajas y dudas en aceptar cualquier tipo de riesgos.

Si sacaste una calificación de -47 a -24, muestras una completa carencia de confianza en ti mismo y todo el tiempo estás preocupado respecto a tus habilidades. Evitas todos y cada uno de los retos y prefieres ceñirte tareas de rutina y familiares. Con otras personas buscas acuerdos tímidos y te disgustan los colegas que muestran una bulliciosa forma de imponerse. Como temes tanto al fracaso, tienes una actitud contraria al éxito y sientes que quienes suben la escalera del éxito encontrarán al llegar a la cima que no está apoyada en nada.

Temor al éxito

Existen individuos que tienen una ambivalencia básica respecto a tener éxito: lo desean pero también desean *no* tener éxito.

Mientras que los que tienen un temor claro al fracaso prefieren rehuir situaciones competitivas y los riesgos involucrados en tratar de mejorar sus perspectivas de empleo, los individuos que temen al éxito reciben bien las actividades orientadas al éxito. Muchos de ellos son en extremo ambiciosos y desean que se les reconozca por sus logros. Pero en cuanto hacen cualquier progreso significativo hacia un objetivo deseado, sienten una compulsión a detenerse y a encontrar formas de sabotear el éxito.

Desarrollo

Para comprender mejor la dinámica del temor al éxito, vamos a dar un vistazo a cómo se desarrolla.

La mayoría de las personas que temen al éxito interiorizan las actitudes mezcladas de la sociedad hacia el éxito temprano en la vida. Por otro lado, la sociedad ensalza el espíritu competitivo e individualista. Quienes tienen éxito son admirados por su competencia, talento, valor, iniciativa y otros atributos positivos. A quienes fallan se les ve con desprecio o lástima. Se supone que los individuos fallan porque son incompetentes o perezosos. Por otro lado, existe una advertencia cultural de que la gente agradable debe ser modesta, retraída, desinteresada y caritativa. El éxito se asocia con codicia y se le considera algo inmoral e incluso despreciable. A últimas fechas se ha puesto de moda ser cínicos respecto al éxito y desdeñar la ambición. Como resultado, muchos están ansiosos por proyectar una personalidad de organización que sea de persona insignificante e inofensiva.

Impacto en la infancia

Estas actitudes paradójicas y conflictivas hacia el éxito se transmitieron a través de los padres y hermanos mayores. Además, también existe una atmósfera característica en el hogar que parece fomentar el síndrome de temor al éxito. Las personas que temen al éxito siempre se crían en casas en que se alentaban y valoraban altos estándares de éxito y competencia. Sin embargo, al mismo tiempo se les desalentaba, o incluso castigaba, si eran demasiado competitivos o si mostraban un placer claro en ganar. Los padres de individuos que temen al éxito les proporcionaban señales confusas sobre el éxito y ganar, y también eran muy molestos y controladores en sus interacciones con ellos. Muchos de estos padres también les expresaban algún conflicto doloroso. Conscientemente están ansiosos por tener éxito, pero sus temores e inhibiciones subconscientes respecto a tener éxito se activan poco después de que emprenden el camino al éxito.

En segundo lugar, el temor al éxito persiste en su vida de adultos por todas sus experiencias suprimidas de la infancia. Las personas que más temen al éxito no pueden justificar su conducta en forma racional con alguna experiencia de éxito negativo o sus consecuencias en sus años de adultos. Es sólo que no tienen ninguna que puedan señalar. Pero continúan manteniendo su temor irracional al éxito a pesar de cualquier evidencia objetiva que indique lo contrario. Su subconsciente todavía toca las cintas grabadas en la infancia una y otra vez.

En tercer lugar, las personas que temen al éxito emplean diversos mecanismos de defensa y racionalizaciones para protegerse de la intensa ansiedad creada por sus impulsos iniciales de automejoramiento y posteriores maniobras de autoderrota. Uno de los mecanismos que emplean es la proyección de los motivos para tener éxito a requisitos externos y de situación. Otro es una negación del éxito a cualquier deseo interno. Cuando en ocasiones tienen éxito a pesar de ellos mismos, tienden a atribuirlo a la suerte, o a la ayuda de otros, o a estupidez, más que a sus propias habilidades y esfuerzos. Si esto no parece plausible, tienden a decir que el logro fue fácil. Al minimizar y repudiar su propia competencia, se las arreglan, además, para robarse cualquier gozo real de los logros que alcancen.

Temor al fracaso

Otra categoría de personas que no se dan un permiso total para tener éxito son los que temen al fracaso. Muchas personas se impiden emplear todo su potencial por la falta de fe en su habilidad para tener éxito. Por supuesto, algunas personas afirman tener la autoconfianza necesaria para tener éxito y que la posibilidad de fracasar no les molesta, pero sólo son palabras sin realidad alguna. Cuando se les pregunta por qué no han empezado a dedicarse a un proyecto favorito importante, responden con todo tipo de excusas o quejas respecto a los obstáculos y dificultades que se interponen en el camino: tener muy poco tiempo, otras obligaciones urgentes, falta de recursos, restricciones corporativas y demás.

La gente con un temor claro al fracaso tiende a fijarse metas fáciles de alcanzar y modestas o, en el otro extremo, se dedica a metas que son difíciles y tan rebuscadas que nadie la podría culpar si no lograra alcanzarlas. Algunas personas ocultan un profundo sentimiento de insuficiencia detrás de una imagen de autoexaltación. Crean todo tipo de planes grandiosos e irreales, se dedican a ellos con poca dedicación y cuando al fin se dan cuenta que se están dedicando a lo imposible, sus sensaciones de fracaso e insuficiencia atraviesan su armadura de grandeza.

Alejarse

Sin embargo, la mayoría de las personas que temen al fracaso tiende a alejarse de competencias y de aceptar riesgos. Son personas de pocos logros que buscan pequeños nichos seguros y tareas inocuas que planteen poca o ninguna amenaza de fracaso. Se debe evitar el riesgo de fracaso en el desempeño a cualquier costo ya que expondría sus insuficiencias a sus jefes y compañeros. El camino seguro que se debe seguir es mantenerse modesto y no llamar la atención. La reacción fóbica de quienes temen al fracaso en situaciones competitivas se debe a su temor de la humillación y el desprecio, que para ellos representa la recompensa del fracaso. Como las personas que temen al fracaso tienen niveles muy bajos de aspiración, a menudo parecen indolentes y pasivos. Debido a su falta de voluntad para actuar y su tendencia a rechazar riesgos y evitar responsabilidades, estas desafortunadas personas sufren una gran pobreza personal y una negación casi total de su potencial. Al final, muchos de ellos caen presa de estados de ánimos depresivos y profundos sentimientos de impotencia.

Poco realistas

Incluso las personas que no están acosadas por dudas exageradas y pensamientos de fracaso tienden a ser poco realistas de alguna manera en su valoración de ellas mismas y de los desafíos que enfrentan. Por lo general, valoran en exceso las dificultades y subestiman sus propias habilidades para resolverlas. Como resultado, sólo hacen esfuerzos desganados cuando se dedican a objetivos que desean. Subestimar el potencial es en gran medida lo responsable de la vacilación y la precaución excesiva que la gente muestra cuando se requiere un compromiso con una meta. La duda y la precaución no son malas en sí, pero si se continúa con ellas por un lapso de tiempo, tienden a fortalecer las proyecciones negativas del resultado, lo cual puede crecer hasta convertirse en una profecía de fracaso que se hace realidad a sí misma.

Correr riesgos

Fracasos, errores y reveses son parte integral de lograr el éxito. Es dudoso que alguien haya avanzado sin correr riesgos. Y los riesgos sin poderse evitar implican algunas experiencias de fracaso. En un último análisis, lo que cuenta no son nuestros errores y fracasos, sino nuestra disposición emocional para arriesgarnos y aceptar fracasos. Por extraño que parezca, cuando tenemos el valor de arriesgarnos al rechazo personal, a que se desperdicien nuestros esfuerzos e incluso a una derrota psicológica si fallan nuestros esfuerzos, hemos dado un paso gigantesco en dirección a liberarnos del temor al fracaso. Y una vez que estamos libres de este temor, se produce un crecimiento casi inmediato de las energías para ejercer nuestras capacidades. A menudo descubrimos capacidades que ni siquiera sabíamos que teníamos, y eso excede por mucho nuestras expectativas. Liberados del miedo al fracaso, no sólo estamos libres para hacer lo mejor que podemos, sino para descubrir lo que podrían conllevar sus alcances más lejanos.

Perfeccionismo

Otra barrera grave para el logro del éxito es el perfeccionismo. Los perfeccionistas sin poderlo evitar fijan para ellos estándares demasiado altos y metas ambiciosas en exceso. Sienten que si no tienen metas elevadas, se mantendrán sólo a nivel promedio o mediocre. El perfeccionismo es el precio que tienen que pagar para alcanzar niveles sobresalientes de excelencia.

Por supuesto, existe algo llamado la búsqueda saludable de la excelencia y muchos pueden obtener una genuina satisfacción de sus esfuerzos por alcanzar estándares elevados. Sin embargo, la búsqueda de la excelencia de los perfeccionistas no es sana. En primer lugar, sus estándares son irreales por completo y los establecen más allá del alcance o de la razón. En segundo lugar, son compulsivos, siempre persiguen y buscan metas imposibles. En tercer lugar, nunca disfrutan en realidad alguno de sus logros. Todo objetivo que alcanzan se queda corto de lo que está en su mente y se sienten desilusionados.

Blanco o negro

La principal razón de que los perfeccionistas tiendan a experimentar más castigo que recompensa de sus logros es que por lo general piensan en todo o nada, o en términos de blanco o negro, sin graduaciones intermedias de gris. Incluso un déficit menor les proporciona la ocasión para la hiriente autocrítica. Cuarto, como su sentido de autoestima está vinculado inextricablemente con logros elevados, se encuentra en terrenos muy poco firmes.

Alcanzar las estrellas tiene un enorme costo. Se ha encontrado que los perfeccionistas sufren de baja autoestima crónica, constante ansiedad en el desempeño y estados de ánimo depresivos. Como resultado, su productividad está inhibida o es intermitente. Sus trastornos del estado de ánimo y sus incesantes dudas también afectan en forma adversa a su autocontrol y sus relaciones personales. La preocupación por un inminente fracaso, o la incapacidad para estar a la altura de estándares rigurosos, no deja mucho espacio para el toma y daca amistoso con otros.

Personas "tipo A"

Los perfeccionistas se parecen mucho a la personalidad Tipo A descrita hace años por los doctores Meyer Friedman y Ray H. Rosenmann como muy competitiva, orientada en exceso a los logros, impaciente, fácil de frustrarse y enojarse, presionada por el tiempo y preocupada con fechas límite. Muchos perfeccionistas se ajustan a esta descripción a la perfección.

Los perfeccionistas a menudo son personas solitarias. Como son supersensibles a las críticas y siempre anticipan rechazos o humillación, tienden a alejarse de otros. Como reaccionan en exceso, incluso ante una insinuación de crítica, a menudo producen la misma desaprobación y rechazo que tanto temen, y entonces se arrastran aún a más profundidad en sus conchas.

Los perfeccionistas no sólo se fijan estándares irreales para ellos, sino que muchos de ellos esperan desempeños superlativos también de otros. Como sus expectativas se frustran todo el tiempo, tienden a ser críticos incesantes de casi todo y todos. Además, como nada está jamás a la altura de sus estándares, pierden mucho de lo que podrían disfrutar.

Generalización excesiva

Otra característica sobresaliente de los perfeccionistas es que generalizan en exceso. Sienten que una experiencia negativa aislada o un fracaso presagian experiencias similares de fracaso en el futuro, sin importar lo que pudieran intentar. Reaccionan en exceso incluso en errores más bien sin importancia que cometen. Regaños de ellos mismos como "Siempre estoy cometiendo errores" o "No soy bueno. Nunca hago esto bien", acompañan a muchos de sus errores simples y corregibles. Además, se ven acosados por lo que la famosa psicoterapeuta Karen Horney llamó "la tiranía de los debía". Siempre debían hacer esto o aquello, no deberían cometer ese error de nuevo, debieron abordar el problema en forma diferente, etc.

Muchos perfeccionistas posponen tareas que podrían llevarlos más cerca del éxito por su temor al fracaso. Pero dejar las acciones para después sólo proporciona un alivio temporal de la preocupación y del temor. A largo plazo, aumenta la ansiedad de anticipación y la tensión. Algunas personas que dejan todo para después llegan a quedar inmóviles por completo. Su fracaso del esfuerzo se racionaliza mediante un diálogo interno que dice: "Ya que no lo puedo hacer a la perfección, ¿por qué siquiera molestarme?". Y así terminan haciendo muy poco.

Comparaciones con compañeros

Otra fuente de miseria para los perfeccionistas es el hábito de comparar sus logros con lo que han logrado sus colegas. No sólo perciben en forma errónea que el éxito de alguien es más exitoso de lo que a menudo es, sino que imaginan que los colegas exitosos por lo general alcanzan su éxito con unos cuantos errores o ninguno, y con poco esfuerzo. Su percepción defectuosa de lo que el logro del éxito en verdad conlleva debilita más su sensación de ser adecuados. Y se sienten de alguna forma engañados y defraudados por la vida.

La comprensión de estas actitudes y hábitos de pensamiento derrotistas a veces es suficiente para cambiar a algunos perfeccionistas en personas más realistas y que se castigan menos. Sin embargo, para otros la intervención terapéutica es una medida a seguir.

Psicoterapia

El psiquiatra David D. Burns describe un tratamiento efectivo para los perfeccionistas. Él y sus asociados ponen su énfasis básico en cambiar la estructura cognoscitiva del perfeccionista.

Como primer paso para tratar a los perfeccionistas, les piden con insistencia hacer una lista de las ventajas de tratar de ser perfectos. Mientras los pacientes sopesan los costos contra los beneficios, a menudo se dan cuenta por primera vez que el perfeccionismo no es en su beneficio. Esa conciencia fortalece su motivación para trabajar con el fin de renunciar a eso. Hasta que el perfeccionista ha llegado a esa conclusión, es infructuoso tratar el trastorno. Hari sólo pudo poner en la lista una ventaja del perfeccionismo: Puede producir un buen trabajo. Trataré con más ganas de terminar con un resultado excelente. Puso en la lista seis desventajas: "Uno, me hace estar tan tenso que a veces no puedo trabajar. Dos, a menudo no estoy dispuesto a arriesgarme con los errores necesarios para terminar con un trabajo creativo. Tres, mi perfeccionismo me inhibe de intentar nuevos enfoques y de hacer descubrimientos ya que estoy muy preocupado con estar 'seguro'. Así, mi mundo se vuelve estrecho y pierdo la oportunidad de nuevos desafíos. Cuatro, causa que me dedique a criticarme y quita la diversión a la vida. Cinco, ni siquiera me puedo relajar ya que siempre encuentro algo que no es perfecto. Seis, me hace intolerante de otros ya que todo el tiempo soy consciente de los errores que la gente comete, y termino en que me perciben como alguien que sólo encuentra errores".

No le tomó mucho a Hari llegar a la conclusión de que su vida sería más provechosa y productiva sin el perfeccionismo.

Elevar al máximo los recursos

Las personas exitosas saben que nunca se puede alcanzar la perfección y reconocen los límites de sus talentos y recursos. Pero todas luchan para volverse competentes y hacer lo mejor que puedan con cualesquiera que sean los recursos que tengan a la mano. No tienen el tiempo o la inclinación a preocuparse por el perfeccionismo o el fracaso de cada paso en el camino a la terminación del proyecto. Y, algo bastante curioso, esta libertad de la ansiedad y la culpabilidad de no lograr los estándares extraelevados ayuda a muchos de ellos a llegar muy cerca de la perfección.

Existen muchos grados de excelencia y éxito y con sólo ponerse como meta y perseverar en hacer todo bien, en lugar de a la perfección, puede uno entrar a la luz cómoda de la autopercepción realista de lo que en realidad podemos lograr en la profesión que elegimos. (Este ejercicio fue diseñado por Princeton Creative Research, Inc., Estados Unidos.)

Meta de epitafio

Propósito: Determinar y prepararte para lograr las metas de tu vida.
Postura: Irrelevante.
Duración: Diez minutos cada vez.

Procedimiento

Paso 1

Imagina que hoy es el último día de tu vida. Escribe tu propio testamento completando las siguientes oraciones:

Éstas son las cosas que he amado en la vida (cosas que probé, observé, olí, escuché, toqué).

Éstas son las experiencias que he apreciado.

Éstas son las ideas de que me he beneficiado, y que han tenido impacto en mi vida.

Éstas son las creencias que he superado.
Éstas son las convicciones con que he vivido.
Éstas son las cosas por las que he vivido.
Estos conocimientos he logrado en la escuela de la vida (conocimientos de Dios, el mundo, la naturaleza humana, el amor, la religión, la vida).
Estos riesgos tomé, a estos peligros me he expuesto.
Estos sufrimientos me han hecho madurar.
Estas lecciones me han enseñado la vida.
Estas influencias han dado forma a mi vida (personas, ocupaciones, libros, eventos).
Estos textos religiosos han iluminado mi camino.
Estas cosas lamento respecto a mi vida.
Éstos son los logros de mi vida.
Éstos son los deseos no satisfechos de mi vida.
(El Paso 1 fue ideado por el fraile Anthony de Mello. Este testamento te da una idea de los logros de tu vida hasta el momento. Medítalo por un tiempo, añadiendo lo que sea si es necesario hasta que tengas una valoración apropiada de ti hasta ahora.)

Paso 2

Toma una hoja de papel. Imagina que es tu lápida donde se almacenará una parte de tus cenizas. Escribe tu epitafio en ella. ¿Por qué desearías mucho que te recordara la posteridad? Por ejemplo: "Aquí yace XYZ quien sirvió a sus hermanos y antepuso el bienestar de ellos al suyo", "Aquí yace XYZ que dio esperanzas a los desposeídos", "Aquí yace la mujer que mejoró la vida de muchas de sus hermanas", etc.

Paso 3

Compara las conclusiones de los Pasos 1 y 2. ¿Qué tanto falta por hacer para lograr las metas de tu vida según las expresaste en tu lápida?

A) Esboza los pasos que necesitas dar para lograr esta meta.
B) ¿Cuánto de esto puedes lograr en dos años (sé específico)?
C) ¿Qué pasos específicos (actos decisivos) planeas realizar para lograr esa meta?
D) ¿Qué obstáculos en ti tendrás que vencer para lograr esa meta?
E) ¿Qué obstáculos en el mundo tendrás que vencer para lograr esa meta?
F) ¿Cómo te sientes respecto a la posibilidad de lograr esa meta?
G) ¿Cómo te sientes respecto a la posibilidad de no lograrla?
H) Con exactitud, ¿dónde irás para tener ayuda en lograr tu meta?
I) ¿Qué tanto deseas lograr tu meta?
J) ¿Qué tan importante es esta meta en comparación con otras cosas que deseas de la vida?

(Lista de "Motivación del Logro Económico" por David McClelland y David Winter.)

La meta debe ser clara y específica. "Ser más eficiente", "Mejor vida familiar", "Más felicidad" son muy vagos para ser de cualquier uso. Incluso "comenzar un negocio" no es bastante específico. Es preferible establecer tu (1) meta a largo plazo, (2) su propósito… a saber, por qué estableciste esta meta, y (3) los pasos que conducen a la meta a largo plazo.

Por ejemplo: Tu meta a largo plazo podría ser:
Establecer un salón de belleza

Propósito:
a) Independencia financiera
b) Trabajar para uno mismo

Metas a corto plazo:
a) Hacer un curso de cosmetología
b) Buscar un lugar apropiado para establecer un salón de belleza
c) Calcular el costo de una empresa así
d) ¿Dónde obtener finanzas?
e) Publicidad

Para establecer estas metas y propósito, lleva a cabo el siguiente ejercicio:

Siéntate con comodidad. Cierra los ojos. Relaja los músculos de la cabeza a los pies. Cuenta hacia atrás de 100 a 1. Si pierdes la cuenta en un punto intermedio, comienza de nuevo en cualquier punto intermedio y procede hasta 1. Cuando te sientas muy relajado, deja que tu mente vague en la dirección de todos los cambios que desees llevar a cabo en tu vida. Primero elige el área en que deseas los cambios: carrera, vida familiar, salud, pasatiempos, bienestar emocional, etc.

Cuando hayas elegido el área más importante para cambios, sé más específico. ¿Qué carrera nueva? ¿Una casa de vacaciones para la familia? ¿Perder peso? ¿Coleccionar monedas raras? ¿Manejar la depresión? Cuando hayas resuelto eso, pregúntate qué propósito lograrás al alcanzar tu meta. Por último, enumera los pasos que tendrás que dar para lograr la meta. Imagina en detalle pasar por todos los pasos necesarios, logrando tu meta y tu propósito final. Cuenta de 1 a 3, diciéndote que te sentirás despierto y alerta a la cuenta de 3. Luego haz una lista de tus metas a corto y largo plazo y tu propósito. Repite este ejercicio al menos tres veces en la misma cantidad de días, haciendo alteraciones en el plan original si es necesario.

Paso 4: Dónde obtener el tiempo o la energía

Relájate como en el paso 3, contando de 100 a 1 y determina cuánto tiempo y energía necesitarán las actividades que conducen a tu meta. ¿Tienes el tiempo? ¿O tendrás que reducir tus actividades presentes? De ser así, ¿qué actividades puedes y estás dispuesto a descartar y por cuánto tiempo?

Repite el ejercicio durante varias sesiones hasta que estés satisfecho de que (1) puedes hacerlo, (2) que en realidad deseas hacerlo, (3) cuándo puedes hacerlo. Es posible que descubras que el tiempo y costo de energía de tu meta no vale la pena y que prefieres renunciar a la meta. De ser así, es mejor renunciar ahora y buscar una meta más fácil de lograr, en lugar de perseguir algo inalcanzable. En ese caso, vuelve al paso 2, elige otra meta, tal vez un paso preparatorio para tu meta final.

Paso 5: Formar imágenes del resultado

Relájate de la forma usual. Mejor aún, cuenta hacia atrás de 300 a 1 después de revisar tu cuerpo respecto a tensiones y de relajar todos los músculos. Luego recuerda en la forma más vívida que puedas éxitos que hayas podido tener en todos los proyectos del pasado, de manera que te llegue una sensación de orgullo y euforia. (Siempre que sientas la necesidad de confianza extra, entra en relajación contando de 10 a 1 y recuerda esos éxitos. Tendrás una sensación de confianza nueva.) Luego te dices: Voy a tener éxito con mi nueva meta como lo hice en mi proyecto pasado. Procede a imaginar con detalle cómo cambiará tu vida al alcanzar tu meta. Esto ayudará a mantener alta tu motivación para lograr la meta. Te acostumbrarás mentalmente a haber logrado tu meta y no podrás seguir sin ella; se volverá una necesidad. También te percibirás en una nueva luz... como un triunfador que puede hacer lo que se requiere para lograr resultados.

Si encuentras difícil imaginarte logrando tu meta, imagina a alguien más a quien admiras lográndola. Luego ponte en su lugar. Disfruta en detalle tu meta alcanzada en todo aspecto posible, primero viéndote como espectador, luego fusionando al espectador en ti como el actor. Haz este ejercicio todos los días por diez a veinte minutos por día. Al final de cada ejercicio siéntete orgulloso por lograr tu meta.

Paso 6: Formar imágenes del proceso

Elabora la lista de artículos que necesitarás para lograr tu meta. Realiza el procedimiento de relajación e imagina el primer artículo en la lista, acomodado en orden de prioridades, del más simple al más difícil. Imagina todo en detalle, cómo y cuándo vas a manejarlo. Si es necesario, para darte ideas, haz que un amigo imaginario te aconseje qué hacer para terminar con este artículo. Este consejero puede ser mítico como el señor Krishna, histórico como Nehru, tu jefe o alguien a quien respetes mucho. Actúa una conversación imaginaria con él y surgirán ideas. También hará que la solución del problema sea más agradable. Haz el ejercicio un par de veces al día hasta que se haya manejado el primer artículo. Si surgen obstáculos, consulta a tu consejero, durante tu siguiente ejercicio, sobre la forma de superarlos. Después de que se logre cada uno de los artículos en la listas de la meta, felicítate y procede con el ejercicio, concentrándote en el siguiente artículo en la lista. También continúa haciendo el ejercicio de formar imágenes de la meta a menudo, hasta que la meta final se alcance.

Al mismo tiempo, revisa tu plan de logros cada tres a seis meses con algún amigo íntimo o que te quiera bien.

Paso 7

Al terminar dos años, revisa la amplitud del éxito del plan y prepara un plan para los siguientes dos años, tomando en cuenta lo que has aprendido de tu primer plan de dos años, hasta que se logre la meta de tu lápida.

Refuerzos del logro

Propósito: Ayudar al logro eficiente de tus metas.
Postura: Sentado.
Duración: Veinte minutos a media hora.

Procedimiento

Paso 1

Siéntate con comodidad donde no te vayan a molestar. Cierra los ojos. Relaja todos los músculos de la cabeza a los pies de manera consciente. Haz tres inspiraciones profundas. Cuenta hacia atrás de 100 a 1. Mantén los ojos cerrados.

Paso 2

Imagina que estás en tu sala, frente al televisor, donde ves una serie de televisión contigo como el actor principal. Piensa en una meta que desees lograr o un problema para resolver. Pon en el programa a todas las otras personas que tengan que ver con tu meta o tu problema. Actúa tu problema o situación actual, *no* la meta. Imagina que dejas el escenario y te sientas en una silla en tu sala. Congela la escena en la televisión y pon un NO grande y rojo en la pantalla.

Trata de imaginar que todos tus sentimientos en relación con la escena salen de ti y trata de imaginarte libre de estos sentimientos. ¿Cómo te sientes?

Paso 3

Escoge a alguien que admires o respetes, verdadero o imaginario, que parezca capaz de resolver tus problemas. Haz que actúe en el segundo programa de la serie. Él estará actuando tu papel. Visualiza que el actor que escogiste, Einstein, Shakespeare, Tagore, Shobha De, cualquiera, logra con éxito la meta que tienes en mente. Deja que los demás actores hagan sus nuevos papeles en la situación que ha cambiado y en la que se logra tu meta. Deja que una voz te diga cuándo se logrará esta meta. "Se hará realidad para esta fecha". Congela la escena. Pon la palabra "Mejor" sobre ella con llamativos colores dorados.

Paso 4

En el tercer programa reconstruyes el segundo programa contigo de nuevo como el actor principal, reemplazando al actor que escogiste antes, pero logrando la misma meta de la misma manera. Obsérvate que lograste la meta. Congela la escena y escribe "Cada vez mejor".

Paso 5

Repite el ejercicio tres veces para cada meta por tres días consecutivos. Lleva a cabo los pasos 1 a 4 el primer día, los pasos 1, 3 y 4 el segundo día y sólo el paso 4 el último día.

El Control Mental Silva enseña este ejercicio, con ligeras modificaciones. Muchas personas que antes eran escépticas testifican que ha funcionado para ellas.

2

Domina tu capacidad para la innovación

Sandip era el director de mercadotecnia en una compañía de múltiples productos. Le iba bien pero no estaba satisfecho con su desempeño. Deseaba comenzar nuevas líneas de productos. Pero cuando sugirió una línea así, para aromatizantes de ambiente, se le pidió que presentara un informe del proyecto, pero el director no lo tomó en serio, aunque no pudo encontrar nada equivocado en la propuesta. Así que Sandip hizo publicidad para encontrar a un socio dispuesto a invertir en un proyecto de ese tipo. Encontró uno, renunció a su trabajo, formó una nueva sociedad y lanzó exitosamente el proyecto.

Ahora tenía otra idea, para un purificador de agua, pero su socio tenía las manos llenas y no estaba dispuesto a hacer más inversiones. Así que Sandip de nuevo sacó publicidad para conseguir un financiero y lanzó su nuevo proyecto, igual de exitoso que el anterior. Ahora decidió que tenía el toque para la innovación y se estableció como consultor, aconsejando a compañías sobre la diversificación de sus líneas de productos. Su estrategia consistía en una amalgama de enfoques basados en ideas inspiradas en Peter Drucker, Edward de Bono y otros pensadores de la administración.

Se describen en detalle a continuación:

Dónde buscar oportunidades de innovación

Propósito: Buscar necesidades que la innovación pueda satisfacer.
Duración: Segmentos de diez minutos.
Postura: Irrelevante.

Procedimiento

Peter Drucker definió la innovación como un término social o económico más que uno técnico. "Se puede definir", dijo, "de la forma en que J. B. Say definió emprendurismo, como cambiar el rendimiento o los recursos. O, como el economista moderno tendería a hacer, se puede definir en términos de demanda más que en términos de oferta, es decir, cómo cambiar el valor y la satisfacción obtenidos de recursos por parte del consumidor".

La cadena de alimentos rápidos McDonald's innovó al producir en masa lo que ya se estaba produciendo en restaurantes individuales, al crear "un nuevo mercado y un nuevo cliente". Cyrus McCormick, inventor de máquinas para cultivar, creó una innovación cuando concibió la compra a plazos que permitió a los granjeros comprar sus máquinas con sus ganancias futuras, y así abrió un enorme mercado nuevo de compradores de inversión que antes no podían permitirse comprar estos u otros bienes que pudieran presentarles de antemano. Lo importante sobre la innovación es que está impulsada por la demanda, en el término de Drucker. Es decir, la demanda le da valor. Los innovadores "tratan de crear nuevos y diferentes valores y nuevas y diferentes satisfacciones para convertir un 'material' en un 'recurso', o combinar recursos existentes en una configuración nueva y más productiva".

Drucker ha señalado siete fuentes de oportunidad innovadora que se deben abarcar en cualquier búsqueda sistemática de oportunidades innovadoras:

1) *Lo inesperado*
   a) Éxito
   b) Fracaso o
   c) Evento externo.

a) **Éxito inesperado:** Cuando enfrentan un éxito inesperado en sus líneas de producto, los administradores deben considerar de inmediato cómo lo pueden explotar por completo, a dónde conducirá a la compañía y cómo se puede convertir en una oportunidad. Cuando los granjeros japoneses empezaron a comprar televisiones a color en grandes cantidades, en contra de todas las expectativas, Matsushita, dueño de National y Panasonic, los vendió de casa en casa, una práctica realizada por primera vez en Japón para cualquier bien de consumo duradero, para explotar la demanda, y se elevó a la cima. Las primeras computadoras se diseñaron para investigación científica. Pero cuando IBM descubrió que las estaban comprando compañías para calcular salarios, de inmediato alcanzó el liderazgo entre los fabricantes de computadoras al diseñar computadoras para los negocios.

b) **Fracaso inesperado:** Cuando un plan trazado con meticulosidad falla sin una razón aparente, está a la espera una oportunidad. En la década de 1920, un fabricante británico de candados en la India descubrió que sus ventas en el país estaban bajando. Mejoró el diseño haciéndolo más seguro, pero el producto falló por completo en encontrar compradores y la compañía entró en liquidación. Sin embargo, un competidor descubrió que el candado tenía dos mercados tradicionales, uno en los pueblos, el otro en las ciudades. El mercado de ciudad necesitaba un candado más seguro, que fue lo que obtuvo cuando el fabricante rediseñó su viejo candado. Pero el mercado de la ciudad era pequeño. El mercado más grande de los granjeros consistía en personas para las que el candado sólo era un símbolo de seguridad y tendían a perder las llaves. Cuando perdían las llaves, los candados mejorados se convertían en una molestia ya que eran más difíciles de abrir. Los viejos al menos se podían abrir con facilidad. Así que dejaron de comprarlos. Lo que hizo el competidor del fabricante original fue construir dos candados: 1) uno seguro para la ciudad, a un alto precio y elevado margen de ganancia, y 2) un candado sin llave, sólo con un mecanismo de liberación, pero mucho más barato que el candado original y con el doble de su margen de utilidades. Ambos se vendieron bien en sus respectivos mercados y la compañía mantuvo una posición de liderazgo por más de una década.

c) **Evento externo inesperado:** Las tiendas de menudeo en Estados Unidos se dedicaron con éxito a la venta de libros que antes sólo almacenaban las librerías, cuando se dieron cuenta que los estadounidenses compran libros pero no los coleccionan después de leerlos. Es decir, un libro es como cualquier otro artículo de consumo, para descartarse después de usar. Así que a los estadounidenses les gustaría encontrar libros donde podían encontrar otros artículos de consumo, y comprarlos por impulso.

*2) **Incongruencias:*** Es decir, "una disonancia entre lo que es y lo que 'debiera' ser, o entre lo que es y lo que todos asumen que es".

Pueden ser:

a) **Incongruencias económicas:** Por ejemplo, existe una gran demanda por cuidados de la salud, pero el costo todavía es muy alto. Proporcionar cuidados de la salud baratos, en forma rentable, es una oportunidad que todavía no se explota por completo.

b) **Incongruencia entre la realidad y las suposiciones al respecto:** La llegada del flete aéreo parecía anunciar el fin del flete oceánico que estaba aumentando de costo. La innovación del uso de contenedores, cargar en recipientes de metal de tamaño estándar que permitían que la carga se llevara a cabo en tierra, sin el costo del tiempo de espera de los barcos anclados, condujo a un aumento de cinco veces en el tráfico de fletes marinos en treinta años y redujo los costos.

c) **Incongruencia entre los valores percibidos y reales del cliente y expectativas:** Los corredores de bolsa actúan de acuerdo a la suposición de que las personas invierten para hacerse ricas y dedican todo su tiempo a las inversiones. Los fondos mutualistas tuvieron éxito porque comprenden que la mayoría de las personas invierte para potenciar al máximo sus ahorros y no tiene tiempo para las inversiones especulativas. Al administrar el dinero de estos clientes, explotan esa necesidad.

Es importante comprender qué es con exactitud lo que está comprando un cliente. Podría no saber qué valor obtiene de un producto. Cuando se suministra un producto que no es "valorado" por el cliente, y así es un fracaso en el mercado, es probable que sea porque el cliente está buscando algún otro "valor" en el producto, el cual no se está proporcionando. Sería valioso averiguar qué está buscando el cliente, buscar una congruencia entre los valores reales y las expectativas del cliente y lo que estás proporcionando.

d) **Incongruencia en la lógica interna de un proceso:** Durante la década de 1950, William Connor, vendedor de una compañía farmacéutica, descubrió que en el simple y rutinario procedimiento de operación de cataratas, una etapa era potencialmente riesgosa: cortar el ligamento y atar los vasos sanguíneos podía arriesgar sangrado y poner en peligro el ojo. Connor descubrió que existía una enzima que podía disolver el ligamento, pero nadie había descubierto una forma para conservar la enzima.

Mediante una simple investigación de prueba y error descubrió un conservador; lo patentó y comercializó la enzima, que empezaron a utilizar todos los cirujanos de los ojos.

Debe ser fácil detectar una laguna entre la necesidad y la disponibilidad, que retrasa o complica un proceso que es fluido en los demás aspectos. Pero por lo general es discernible sólo para quienes están familiarizados con el proceso, no para alguien de fuera.

3) Necesidad de proceso: A principios del siglo, Bell Telephones trazó dos gráficas: una era el crecimiento de la población de Estados Unidos, la otra el número de mujeres necesarias para operar los conmutadores de teléfonos. Las gráficas mostraron que todas las mujeres disponibles no serían suficientes para operar el número de conmutadores manuales que estarían operando para 1930. Así que diseñó y construyó el primer conmutador automático.

Había una gran demanda de cámaras entre los fotógrafos principiantes mucho antes del final del último siglo, pero la tecnología de placas de vidrio era incómoda e inapropiada, y las cámaras eran incómodas por pesadas. George Eastman de Kodak reemplazó la placa de vidrio con película, lo que también facilitó el uso de cámaras ligeras. En menos de una década, Eastman Kodak se elevó a la posición de liderazgo en cámaras.

Como Drucker señaló: "Las innovaciones exitosas basadas en las necesidades del proceso requieren cinco criterios básicos: una definición clara por sí misma del objetivo, que las especificaciones de la solución se definan con claridad, la comprensión amplia de que 'debe haber una mejor manera', es decir, una alta receptividad".

Sin embargo, el proceso debe entenderse bien, la tecnología debe estar disponible para hacer el trabajo y la innovación debe ser apropiada para la forma en que la gente actúa o desea actuar.

4) Estructuras de la industria y el mercado: ¿Cómo debe responder la industria a las necesidades del mercado? La industria del automóvil reaccionó en diferentes formas: Rolls-Royce suministró el sello de la realeza, Ford produjo el primer auto de consumo masivo, Fiat suministró el auto para el personal militar. Alemania produjo el auto para el pueblo, el VW sedán. Más adelante, los japoneses entraron por la fuerza al mercado estadounidense con sus autos de consumo eficiente de la gasolina. Cada uno satisfizo, con éxito, una necesidad, basado en estructuras industriales y sociales cambiantes.

El crecimiento de los cuidados de la salud en hospitales de Estados Unidos en la década de 1960, condujo a un innovador a suministrar servicios de administración de instituciones, como cocina, lavandería, mantenimiento de hospitales.

Los indicadores de cambio en la estructura industrial son:

a) Crecimiento rápido que supera el crecimiento económico o de la población.
b) Mercado existente incapaz de mantenerse a la altura del crecimiento de la industria.
c) Confluencia de tecnologías en una aplicación como las tecnologías del teléfono y la computadora en un conmutador de Central secundaria privada automática electrónica (EPABX).
d) Cambio rápido en el *modus operandi* de la empresa.

Las innovaciones en esta área son especialmente efectivas si la industria está dominada por unos cuantos fabricantes muy grandes o uno solo. Por ejemplo, se rompió el monopolio del departamento postal gracias a incontables servicios de mensajería que podían proveer la entrega rápida y confiable de paquetes. Sin embargo, la simplicidad de la operación es esencial para el éxito en esta área.

*5) **Cambios de población:*** Como las explosiones demográficas, aumento en ingresos, tasa de alfabetismo, cambios en la fuerza laboral, etc., pueden ser impredecibles, "sin embargo, no tienen largos tiempos de espera antes del impacto, y lo que es más, tiempos de espera que son predecibles", afirmó Drucker. Indicadores importantes son distribución de la edad, proporción de sexos, cambio en el estilo de vida.

*6) **Cambio en la percepción:*** ¿Cómo se ven las personas ellas mismas? ¿Son conscientes del nivel social? ¿Conscientes de la salud? ¿Las mujeres se ven como iguales a los hombres? ¿Conscientes del medio ambiente? ¿Cuáles son los símbolos de sus nuevas percepciones? ¿Televisión, autos, pantalones de mezclilla, trotar, alimentos naturales? El tiempo es crucial para explotar las nuevas percepciones. Uno debe ser el primero para ganar la mayor cantidad.

*7) **Nuevas tecnologías:*** La innovación basada en conocimiento emergente requiere:

a) Un análisis cuidadoso de una amplia variedad de factores, económicos, sociales, psicológicos, que tendrán un papel decisivo en la aplicación exitosa del conocimiento nuevo.
b) Una estrategia pensada con claridad que implique (i) un sistema completo autosuficiente, (ii) un centro de atención en el mercado, (iii) funciones clave.
c) Administración del emprendurismo.

Una de las fuentes más arriesgadas de innovación es la idea brillante, aceptada por sí misma.

Principios de innovación: lo que se debe hacer y lo que no

Lo que se debe hacer

1) Empieza con el análisis de las oportunidades.
2) "La innovación es a la vez conceptual y perceptual". Así, mira, pregunta, escucha. Mira las cifras al igual que a la gente. Emplea ambos lados de tu cerebro, analítico e intuitivo.
3) Sé simple y centrado.
4) Comienza con algo pequeño, trata de hacer algo específico.
5) Ponte como meta el liderazgo, no necesariamente el mayor, pero trata de ser el rey de tu nicho.

Lo que no se debe hacer

1) No trates de ser más ingenioso de lo necesario.
2) No te diversifiques, concéntrate.

3) No innoves para el futuro sino para ahora, tomando notas de las condiciones que imperan ahora.

Condiciones para una innovación exitosa

1) La innovación involucra un trabajo decidido y sostenido.
2) Agrega tus fuerzas, conocimiento, capacidades. Asegúrate de que encajes, en todo aspecto, de tener el mando de todo aspecto de tu innovación.
3) La innovación tiene un impacto social y económico. Tiene que ser "impulsado por el mercado".

Programa tu mente para la innovación

Propósito: Eliminar los obstáculos perceptuales y conceptuales a la creatividad y programar tu mente para percibir y desarrollar ideas hacia innovaciones.

Duración: Ilimitada, en segmentos de diez minutos.

Postura: Irrelevante.

Procedimiento

1) ***Sé consciente de los obstáculos al pensamiento creativo y trata de eliminarlos***
   a) **Obstáculos perceptuales:** La manera de manejar la información, incapacidad para ver un problema, ideas preconcebidas, incapacidad para trabajar en un problema en una amplia es-

cala, ponerle restricciones innecesarias, no poder ver un problema desde el punto de vista de otra persona, no utilizar todos tus órganos de los sentidos en resolver un problema.

b) **Obstáculos emocionales:** Temor al ridículo; temor al fracaso, tendencia a ser demasiado crítico con ideas nuevas, necesidad de hacer el trabajo rápido, incapacidad para relajarnos, incapacidad para permitir rienda suelta a nuestra vida de fantasías y ensoñación, falta de motivación.

c) **Obstáculos culturales:** El punto de vista que la intuición y las teorías son malas, temor al cambio, creencia de que necesitas dinero para ser creativo.

d) **Obstáculos ambientales:** Son los factores en el medio ambiente que impiden la creatividad: ridículo, indiferencia, falta de tiempo disponible, falta de apoyo organizacional y financiero, distracciones que interfieren con la producción de ideas.

e) **Obstáculos intelectuales:** Escoger técnicas incorrectas o modo de pensar, incapacidad para separar la información correcta de la incorrecta. Naturaleza imprecisa de nuestro lenguaje y expresión.

2) ***Cómo anular los obstáculos***

a) El pensamiento creativo se debe llevar a cabo cuando la temperatura de tu cuerpo está en plena forma… toma tu temperatura cada hora.

b) Antes de lograr algo debes poder concebirlo. Visualízate, bajo condiciones de relajación, sacando ideas creativas. Siente confianza y orgullo en ser creativo. Haz esto todos los días en un momento particular.

c) Piensa en algún problema que tengas y escríbelo en la forma más concisa posible. Expón el problema en diferentes formas y trata de encontrar una solución a cada declaración. Redefine el problema desde un punto de vista diferente. A veces en términos muy amplios, a veces en términos muy limitados. La siguiente vez que tengas un problema, resuélvelo en la forma en que normalmente lo haces, luego escribe el problema desde un punto de vista diferente y trata de encontrar una solución diferente.

d) Escoge un problema que tengas con otra persona. Escribe una declaración del problema como lo ves. Escríbelo como lo vería la otra persona. Luego escríbelo como lo vería una tercera persona. Trata de encontrar una solución aceptable para ti y la de la persona con la que tienes el problema. Verifícalo con ella.

e) Date cuenta de lo que piensas de la gente y por qué. ¿Es por su altura, voz, nivel social, posición, vestido, confianza?

f) Si temes parecer tonto, haz algo que te haga parecer tonto para poner el temor bajo tu control.

g) Escribe lo que sucedería si tus ideas fueran totalmente erróneas. No se acabaría el mundo.
h) Trata de resolver cada problema: i) en forma visual, ii) en forma oral, es decir, con palabras, iii) en forma matemática.
i) Añade "qué sucedería si" a tu vocabulario. Nunca quedes satisfecho con la forma en que todo es. Elabora tu propia lista de problemas. Escribe todo lo que te molesta en todos los temas. Escribe sin parar, al menos por 15 minutos y termina con al menos 100 puntos desde "el reloj no funciona" hasta "hambre en la India". Sal a pedir opiniones, escucha las respuestas, las opiniones de la gente.
j) Una forma de tener ideas es hacer listas. No seas crítico al principio. Si estás trabajando con otros, intercambien listas. Se fecundarán las ideas de ambos.
k) Ten una lluvia de ideas, no seas crítico y produce tantas ideas como puedas. Luego modifica tus ideas mediante i) cinco sensaciones, eso es pensar en el efecto de tus ideas en las modalidades de vista, sonido, tacto, sabor, olfato, ii) dar a las ideas otros usos, iii) adaptar, iv) modificar, v) amplificar, vi) sustituir, vii) combinar, viii) invertir sus componentes, ix) restar porciones, x) minimizar, xi) reacomodar.
l) Haz una lista de control de manipulación: multiplica, divide, elimina, somete, invierte, separa,

transpón, unifica, distorsiona, aplana, aprieta, complementa, sumerge, congela, sujeta, equivoca, deja de lado, añade, resta, aligera, repite, estira, extiende, repele, protege, segrega, integra, simboliza, resume, disecciona, etc.

m) Practica visualizar a tu cónyuge, amigos, etc., luego compara con la realidad. Después cambia sus facciones. Haz esto como juego, en la forma más absurda que puedas. Practica todas las modalidades de tus sentidos.

n) Ten un espacio creativo personalizado en tu mente, propicio para la relajación, de manera que puedas cerrar los ojos y vivir con comodidad en ese ambiente cuando desees pensar un poco.

3) Sistema de control creativo: Siéntate con comodidad. Cierra los ojos, y haz tres inspiraciones profundas. Relaja en forma progresiva todos tus músculos desde la cabeza a los pies. Cuando te sientas agradablemente relajado, te dices: "Mañana en la mañana tendré las ideas que necesito". Si estás trabajando en un problema específico, revisa todos los hechos relacionados con él, luego te dices: "Mañana después de despertar me llegarán las respuestas". El sistema de control funciona mejor cuando se practica antes de ir a dormir en la noche.

3

Domina tu caja de herramientas de pensador

Ésta es una inspección de las técnicas de pensamiento lateral de Edward de Bono y una valoración de su efectividad.

Propósito: Aumentar tu repertorio de herramientas creativas.

Postura: Irrelevante.

Duración: Se puede practicar en segmentos de diez minutos, si es necesario, pero entre más las uses, más experto es posible que seas en alcanzar los resultados que buscas.

"Ya pasó la era de la información. El énfasis está en pensar y en las ideas. Nuestro problema es qué hacer con la información disponible". Así habla Edward de Bono. Hemos llegado a esperar declaraciones provocativas. Es la forma más fácil de llamar la atención de las corporaciones y hacer que lo inviten a dirigir seminarios para ellas. De Bono ha dirigido seminarios para las principales compañías del mundo, como IBM, 3M, Seguros Prudential, Du Pont e incluso Tatas, en la

India. La provocación también es un dispositivo importante en la caja de herramientas de conceptos de de Bono para hacer más efectivo el pensamiento.

Se conoce mejor a de Bono como el padre del pensamiento lateral, término que, como nunca se cansa de recordarnos, ha encontrado su camino al Diccionario Oxford. De Bono se ha jactado de que el pensamiento lateral es el mayor avance en el pensamiento desde Aristóteles: el título de uno de sus libros es *Pensamiento paralelo: Del pensamiento socrático a de Bono.* También ha afirmado que los ejecutivos de investigación y desarrollo de 3M han reconocido que su breve disertación sobre pensamiento lateral produjo más resultados que años de investigación por parte de la compañía. Ha citado a Peter Ueberoth, responsable del enorme éxito comercial de las Olimpiadas de Los Ángeles, en el sentido de que el éxito se debió por completo a las ideas que aprendió de de Bono en un seminario que dirigió. De Bono también ha divulgado que el director ejecutivo de la gigantesca corporación japonesa Nippon Telephones and Telegraphs, después de leer su libro: *Seis sombreros para pensar,* ordenó 200 ejemplares para sus ejecutivos y después de seguir la receta que contenía, Nippon pasó de una empresa que tenía pérdidas a una empresa muy rentable.

No son todos sus logros. Ha producido una serie de libros, entre ellos, *Mecanismo de la mente,* en que propone la teoría de que el cerebro es un sistema que se organiza a sí mismo, supuestamente una noción de presciencia que en la actualidad es aceptada por los expertos en computación. También ha diseñado cursos de pensamiento para niños que se han adoptado en numerosos países. Mantiene que no necesariamente las personas inteligentes son pensadoras efectivas. Son expertas en analizar los datos disponibles, pero no están acostumbradas a cambiar sus percepciones, lo cual es la base del pensamiento lateral, una actividad mucho más fundamental que el pensamiento analítico, en el punto de vista de de Bono. Incluso ha conducido el Curso para Pensar de de Bono para la BBC, que ya se ha publicado en forma de libro.

¿Qué es con exactitud el pensamiento lateral y cómo funciona? De acuerdo al Diccionario Oxford, es una forma poco común o al parecer ilógica de resolver un problema. Consiste en emplear dispositivos conceptuales, que se comentarán más adelante, como palancas para ayudarte a escapar de los patrones de pensamiento convencionales de manera que puedas percibir una situación bajo una nueva luz. Como de Bono mismo lo expresa: "El pensamiento lateral tiene que ver específicamente con generar nuevas ideas y percepciones. La computadora puede ser capaz de trabajar de acuerdo con la información disponible pero sólo el cerebro humano puede ir más allá y actuar de acuerdo con la percepción". Ha dicho que 90% del pensamiento tiene lugar en la etapa perceptual y con los enormes pasos en el pensamiento analítico y el procesamiento de datos, la necesidad del pensamiento efectivo en el nivel perceptual se vuelve más evidente. Es percepción que amplia nuestra visión y cambia el escenario en que actúa.

Para ayudar a sus lectores y clientes en el pensamiento lateral, de Bono ha producido, en varios de sus libros, un racimo de conceptos diseñados para estimular la mente hacia una "creatividad seria" y permitirle percibir todo de una manera diferente. Aquí están algunos de esos conceptos:

1) OP u operación provocativa: Este concepto se explicó a fondo en OP: Más Allá de Sí y No, consiste en buscar formas alternas de hacer todo, incluso si parecen absurdas a primera vista. Por ejemplo, OP: "los autos deben tener llantas cuadradas". La provocación debería ser seguida por "movimiento" del pensamiento, es decir, pensar dónde y cómo la provocación, al parecer absurda, podría volverse algo práctico. Las ruedas cuadradas podrían funcionar si el terreno fuera tan irregular que no importara si fueran cuadradas o redondas. Esta idea podría tener como resultado una suspensión para el auto que le permitiera recorrer terreno accidentado sin incomodidad para los pasajeros.

2) Más, menos, interesante (MMI): Consiste en examinar cada idea nueva para encontrar aspectos positivos, negativos e interesantes pero poco claros. Esto tiene como resultado ampliar nuestras mentes para aprovechar nuevas oportunidades en lugar de caer presas de nuestros prejuicios. De Bono mantiene que en su experiencia quienes actúan después de un ejercicio de MMI a menudo toman decisiones muy diferentes a las que hubieran tomado normalmente sin esta ayuda. Por ejemplo, si estás planeando comprar un auto, podrías encontrar más conveniente, considerando todos los aspectos de la situación, viajar en taxi o auto rentado e invertir el precio del auto en algo diferente.

3) Seis sombreros para pensar: Este concepto involucra adoptar seis enfoques diferentes a un problema, en forma consecutiva. Cada enfoque está representado por un color: blanco es para sólo considerar los hechos esenciales al respecto; verde para ideas poco comunes, poco convencionales de resolverlo sin juzgar el mérito de las ideas en esta etapa; negro para impedimentos lógicos a la solución; rojo para presentimientos, sentimientos e intuición; amarillo para argumentos positivos lógicos; azul es el color de control que examina el pensamiento en sí más que el tema. Usas un sombrero a la vez y actúas de acuerdo al marco dictado por él mientras resuelves tu problema. Emplear el marco de los Seis Sombreros para Pensar de manera sistemática para resolver problemas debería tener también el efecto de ampliar y dar equilibrio a nuestra personalidad. Si eres de naturaleza analítica, usar el sombrero rojo debería forzarte a volverte también intuitivo. Si eres pesimista, el sombrero verde te permitirá adoptar también la postura optimista, haciendo que tu perspectiva esté mejor desarrollada.

4) El efecto borde: Consiste en distinguir lo fundamental de lo periférico en una situación. Si tu propósito al comprar una casa es el nivel social, entonces la ubicación podría volverse fundamental y la comodidad, periférica.

5) Área sensible de la idea (ASI): Es el lugar donde uno cree que las ideas nuevas tendrán un impacto significativo para cambiar la situación. Añadir una nueva característica a tu computadora puede ser más importante para lograr que tenga demanda de los clientes que reducir el precio, aumentando su velocidad o incluso haciéndola portátil.

6) Considerar todos los factores (CTF): Consiste en hacer una lista de control sistemática para asegurar que no se pasa por alto nada relevante. Comprar un local comercial que en todos los demás aspectos es ideal, en un lugar que sufre de cortes de luz frecuentes, podría ser una decisión desastrosa.

7) Consecuencias y secuela (CYS): Ayuda a elegir la mejor opción, después de que has producido diversas alternativas mediante MMI y CTF, al tratar de imaginar el posible resultado de cada alternativa. ¿Qué sucedería si se prohibiera el uso de papel? Considerar la posibilidad te podría llevar a inventar una mejor alternativa incluso si el papel todavía está en uso.

8) Propósitos, metas, objetivos: Consiste en ordenar cuatro razones para llevar a cabo cualquier acción. No siempre tenemos metas claras y a menudo terminamos con algo que no esperábamos. Este concepto tiene la intención de aclarar tus metas al descubrir prioridades ocultas. Si tu meta es alejarte del estruendo de la ciudad, podría ser un error comprar una casa en un barrio en que a todos les encanta poner sus sistemas de música al máximo volumen.

9) Otro punto de vista (OPV): En situaciones conflictivas, es importante apreciar el punto de vista del oponente poniéndose en sus zapatos y pensando como él lo haría. También en situaciones no conflictivas es útil adoptar el punto de vista de un espectador desinteresado o de un posible oponente. Al invertir la situación en el punto 8, puedes disfrutar de escuchar la música fuerte pero deberías considerar también a tus vecinos antes de elevar el volumen de tu sistema a un nivel que podría resultar peligroso para tus relaciones con ellos.

10) Lógica de agua: Éste es uno de los términos que de Bono emplea para distinguir su propia lógica de la lógica tradicional, a la que llama "lógica de roca" ya que sólo analiza la estructura de una situación, no su propósito. Como ilustración: cuando apareció el libro *Seis sombreros para pensar*, un crítico comentó que tenía algunas ideas buenas pero que se podían haber explicado en un artículo corto y no justificaban un libro completo. En otras palabras, la lógica era: "No expliques en 100,000 palabras cuando bastan 1,000". Eso es lógica de roca. Pero como señalé en otra parte:

"Aunque la acusación es verdad, no toma en cuenta dos ideas. La primera idea es que para su autor el formato de libro es obviamente la opción más provechosa. La otra idea es que un libro, en especial un éxito editorial, se mantiene en la atención del público por un tiempo incomparablemente mayor que un artículo y, en consecuencia, tiene una vida más larga. Los libros de de Bono se han vendido en forma continua por mucho tiempo y se siguen reimprimiendo". Sin duda, de Bono estaba empleando lógica de agua cuando escribió este libro. En su libro, *Lógica de agua,* de Bono muestra cómo se puede emplear un diagrama de flujo de tu forma de pensar para hacer "visibles" tus percepciones. De Bono dice: "Entonces podemos tratar de intervenir y ver cómo se podrían alterar nuestras percepciones. Aunque estamos interviniendo en el mundo interno de la percepción, podemos encontrar sugerencias que también podrían ser útiles para intervenir en el mundo externo".

11) Pensamiento paralelo: "La primera etapa del pensamiento paralelo se relaciona con preparar un campo de posibilidades paralelas. El pensamiento paralelo está ocupado con las 'posibilidades' más que con la crítica de la 'verdad'. ¿Qué vas a hacer con una posibilidad? Avanzas para ver qué contribuye... Con las posibilidades es casi esencial usar lógica de agua. 'Qué sucede después'".

12) Sabiduría lateral: Tenía que surgir, más tarde o más temprano, la versión de de Bono de lo que es sabiduría: "Escoges el camino que deseas de acuerdo a tus necesidades y valores. El propósito de la sabiduría es permitirte aplicar tus valores con efectividad. Es posible que con el paso del tiempo, la sabiduría te haga alterar tus valores. El propósito de la sabiduría es exponer el mundo interno y el mundo externo de tal manera que puedas tomar decisiones". En otras palabras, la sabiduría es cómo tu percepción moldea tu experiencia para ajustar tus valores. De Bono te dice que escuches los murmullos de la percepción en lugar de sólo las incitaciones de la razón o la lógica. Sin embargo, surge un problema mayor cuando no escuchas la voz de la razón ni los presentimientos de la percepción sino la llamada de la emoción. Lo que es peor, ¿qué haces cuando tus valores están dañados de alguna forma con en el caso de Hitler, el marqués de Sade, Pol Pot y Stalin? De Bono no tiene una respuesta convincente para eso.

Sin embargo, se debe advertir al lector que la riqueza de ideas que de Bono ha producido no garantiza su efectividad en la práctica. A menos que una idea se ponga a prueba, no podemos estar seguros de que funcione aunque podemos sentir en forma intuitiva que debiera. La forma científica de poner a prueba una idea así es juntar un grupo de personas para usar la idea para resolver un problema y comparar el resultado con los resultados de un grupo de control del mismo nivel mental que empleen técnicas tradicionales para resolver el mismo problema. Por todo lo que sé, no se ha llevado a cabo esta investigación. Si se hubiera realizado, podemos estar seguros que de Bono hubiera sido el primero en citar los resultados si le favorecieran. Otra forma de probar sus ideas sería aplicarlas en la práctica y determinar por ti mismo qué tan efectivas son con respecto a tus intentos previos de resolver problemas o manejar una situación. En estos días de Administración de Calidad Total y Kaisen o mejoramiento continuo, las ideas de de Bono se presentan como las herramientas experimentales ideales para poner a prueba. Sin embargo, es sorprendente que de Bono, quien nunca cesa de citar ejemplos de cómo sus ideas han influido en otros, ha dado muy pocos ejemplos concretos de la forma exacta en que se aplicaron sus ideas y qué resultados específicos produjeron. Aquí están dos ejemplos: "Al emplear el brillante concepto de 'pensamiento lateral' de de Bono, pudimos revolucionar la industria de los seguros mediante políticas de 'necesidades de vida' que permiten a las personas beneficiarse de sus seguros de vida mientras todavía están vivas", escribió Ron Barbaro, presidente de Seguros Prudential; "En Du Pont... el pensamiento lateral condujo a un avance sensacional en la continuidad del proceso en una planta de fibras con una alteración radical del diseño básico del equipo, reduciendo el número de partes móviles en 80%", escribió David Tanner, director fundador, Centro Du Pont de Creatividad e Innovación. Ni Ueberoth, ni los investigadores de 3M ni el jefe de Nippon proporcionaron datos específicos. Es difícil creer que de Bono no hubiera empleado más de estos ejemplos, si estuvieran disponibles, para dar mayor publicidad a sus ideas y libros. La mayor parte de los ejemplos en sus libros son hipotéticos.

Otro aspecto de de Bono que vale la pena considerar es cómo produce sus ideas. Los lectores familiarizados con los escritores respecto a la creatividad y con la obra de de Bono para ahora habrán descubierto que es menos original de lo que parece al principio. Por ejemplo, su herramienta favorita no confesada para producir ideas ha sido la analogía, un dispositivo propagado originalmente por William J. Gordon en su sistema Synetica. Gordon recomienda cuatro tipos de analogías (personal, directa, simbólica y basada en la fantasía) para una mayor creatividad. Varios de los libros de de Bono se basan en una sola analogía: *El manual del pensador maestro, una guía para el pensamiento innovador*, emplea la analogía del cuerpo humano, llamándola Teoría del Marco del Cuerpo (TMC). De la misma manera, su *Manual para una revolución positiva* emplea la analogía de la mano y sus cinco dedos para presentar sus ideas. Así, si tienes ambiciones de convertirte en escritor, piensa una analogía, por ejemplo, un árbol, y cuelga tus ideas de él. Así, tu libro sobre calidad podría llamarse *El árbol de la calidad* y los diversos aspectos de la calidad se podrían exponer en capítulos titulados Las raíces de la calidad, El tallo de la calidad, Las ramas de la calidad, Las hojas de la calidad, La savia de la calidad, y por último, Los frutos de la calidad. ¡Así es como se hacen los escritores de administración!

4

Solución de problemas: el método de 20 preguntas

Propósito: Encontrar una solución a tu problema mediante una búsqueda sistemática.
Postura: Irrelevante.
Duración: Todo lo que se requiera para responder las veinte preguntas.

Procedimiento

Rudolf Flesch ha sugerido esta técnica y se basa en el juego de las veinte preguntas en que el jugador intenta adivinar la respuesta a la pregunta: "¿Qué es lo que pensé?", al hacer a la persona que lo desafía 20 preguntas indirectas, que son preguntas cuya respuesta es "Sí" o "No". En otras palabras, la pregunta debe tener la forma de "¿Es un...?".

El juego empieza con el retador declarando que el objeto que ha pensado es del reino animal, vegetal o mineral.

Aquí está un ejemplo del juego como se actuó en la radio, presentado por Flesch mismo, pero un poco modificado para simplificar.

Retador: Es un vegetal.

P(1) Jugador: ¿Es madera o un producto de madera?

Retador: Sí.

P(2) J: ¿Es madera?

R: Es madera.

P(3) J: ¿Este objeto existe?

R: No.

P(4) J: Si existió, ¿pudo ser fabricado?

R: Sí, si existió, pudo ser fabricado.

P(5) J: ¿Está relacionado con una persona profesional?

R: Sí, lo está.

P(6) J: ¿Era lo bastante grande para transportar gente en él?

R: No. ¿En qué estabas pensando?

J: El Caballo de Troya.

R: No, no es.

P(7) J: ¿Es de la ficción estadounidense?

R: No.

P(8) J: ¿Es de la ficción británica?

R: Sí. Está en parte ahí.

P(9) J: ¿Es ficción en prosa?

R: Sí, también está en esa forma.

P(10) J: ¿Es lo bastante pequeño para que lo lleven a todas partes?

R: No.

P(11) J: ¿Es un edificio?

R: No, no es un edificio.

P(12) J: ¿Es un medio de transporte?

R: No, no lo es.

P(13) J: Cuando se fabrica, ¿se arma con algo más?

R: Sí, por lo general.

P(14) J: ¿Con cosas como clavos, etc.?

R: Sí, por lo general así es como se hace.

P(15) J: ¿Es un mueble?

R: Sí.

P(16) J: ¿Es una silla?

R: No.

P(17) J: ¿Es una mesa redonda?

R: Sí, lo es.

P(18) J: ¿La Mesa Redonda del rey Arturo?

R: Sí, ¡adivinaste!

Flesch aconseja a los participantes de este juego no desperdiciar preguntas con suposiciones, haz preguntas que tengan "una oportunidad pareja" de estar correctas, y variar su enfoque. Haz una pregunta que eliminaría o confirmaría una clase extensa de posibilidades, es decir: "¿Es madera o un producto de madera?".

En tu propio juego de 20 preguntas no hay retador para contestar tus preguntas. Tendrás que hacerlas y contestarlas tú mismo. Si no sabes la respuesta, puedes ponerla como "tal vez sí" o "tal vez no". Si tampoco sabes eso, tal vez sea posible averiguarlo. Y, por supuesto, no hay necesidad de atenerse a sólo 20 preguntas… ¡haz tantas como necesites para encontrar tu respuesta!

Flesch también sugiere que clasificaciones nuevas o poco comunes pueden proporcionar una solución a tu problema.

Por ejemplo, puedes clasificar juegos como competitivos, no competitivos, en interiores, al aire libre, relacionados con manos, pies o ambos, juegos de pelota, juegos de cartas, que requieren raquetas, palo de golf, palo de hockey, respecto al tiempo, etc. Tal vez mediante una clasificación así se inventó el cricket de un día. "Nuevas clasificaciones a menudo cambiarán por completo nuestras actitudes y nuestra forma de pensar", comentó Flesch. Resume sus propias recomendaciones para la solución creativa de problemas como sigue:

1) Trata de recordar que todos, incluyéndote a ti, sólo tienen su propia experiencia de la cual pensar. Trata de intercambiar ideas con otras personas. La conversación es una gran productora de ideas.
2) Trata de separar tus ideas de tus palabras.
3) Convierte lo abstracto y general en lo específico y concreto.
4) Para resolver un problema misterioso busca un factor clave que parezca irrelevante en la situación y un patrón al parecer inapropiado en tu mente.
5) Reduce el campo de las soluciones haciendo "veinte preguntas".

6) Recuerda que las ideas brillantes a menudo están equivocadas y se deben poner a prueba.
7) No subestimes la influencia del azar.

A ellos se añade la siguiente lista de consejos:

1) Escribe el problema.
2) Convierte el problema a español simple.
3) Si es posible, convierte el problema en números, símbolos matemáticos o gráficas.
4) No confíes en tu memoria para los hechos, sino revísalos.
5) Aprende a usar una biblioteca.
6) Toma notas y lleva archivos.
7) Emplea una lista de control de las categorías, añadiendo nuevas de vez en cuando.
8) Trata de poner el problema de cabeza.
9) No temas al ridículo.
10) Si te sientes frustrado, no te preocupes. Relájate, recurre a otros trabajos, descansa, duerme.
11) Dedica tiempo a ser tú mismo. Libérate del trabajo trivial. Elimina las interrupciones.
12) Aprende cuál es el momento del día en que tu mente trabaja mejor y acomoda tu programa de acuerdo a eso.
13) Cuando tengas una idea, escríbela.

5

Da el salto al reino creativo

Propósito: Aprender otro enfoque para crear lo que deseas.
Postura: Irrelevante.
Duración: Se puede practicar en segmentos de 10 minutos, si es necesario.

"Crear es una destreza que se puede aprender y dominar. Personas de todos estilos de vida y de todo tipo de antecedentes pueden aprender a crear, en la misma forma en que pueden aprender a manejar un auto, a nadar o a usar una computadora". Así habló Robert Fritz. Es el fundador de DMA, Inc., y desarrollador del currículo de las Tecnologías para la Creación. En las dos últimas décadas, sus seminarios de DMA han entrenado a unas 50,000 personas en los procesos creativos en más de 24 países. Entre los que se han entrenado están los ejecutivos de Fortune 500 al igual que líderes en los campos de ciencia, tecnología, artes y entretenimiento. Continúa diciendo: "Como destreza, la creación puede ser utilizada en muchos reinos. Cuando se emplea en la música o la pintura los resultados son artísticos. Cuando se emplea en la tecnología, los resultados son invención. Cuando se emplea en los negocios, los resultados son producción... Cuando la creación se emplea para construir tu vida, los resultados a menudo son una enorme participación, vitalidad, aventura y expansión. He descubierto muchos principios que pueden ayudarte a aprender y desarrollar tus procesos creativos... principios que pueden abarcar las muchas facetas de tu vida. Mediante trabajar con ellas, empiezas a ver cómo tu vida en sí puede ser el tema del proceso creativo".

¿Cuáles son estos principios que Fritz había descubierto y empleado con éxito como escritor, pintor, compositor y emprendedor? Aquí están:

1. La fuerza impulsora: Necesitas un suministro constante de energía para buscar tu meta creativa hasta que cristalice. No la tendrás a menos que te sea claro cuál es tu meta. ¿Vas tras un resultado específico que te encantaría ver creado por su propio bien, o sólo tratas de cambiar una condición existente? Es importante saber la diferencia. Si deseas desarrollar un programa de entrenamiento, componer una canción o diseñar algún programa de computadora, tu meta no debería ser sólo una reacción a la condición existente, o mitigar una insatisfacción actual, sino crear un nuevo resultado o producto.

2. *Crear en relación con creatividad:* La gente tiende a confundir el proceso creativo con producir algo inusual, que por lo general se asocia con la creatividad. A menudo, eso es lo que se produce, pero no siempre. Puedes crear lo que desees sin convocar la creatividad para que te ayude. De la misma manera, la creatividad puede producir ideas poco comunes pero nada más tangible. "Inusual" o "inventivo" nos son el tema cuando se crea; ¿estás produciendo lo que deseas? Ésa es la pregunta.

3. *Forma en relación con fórmula:* Fritz enfatiza que no hay fórmula para crear, pero que tiene una forma, que consta de una serie de pasos. Si reduces tu creación a una fórmula, estás trabajando en tu contra. Conocer los pasos que se deben tomar para llegar a tu fórmula por tu propia ruta te ayudará a llegar ahí con eficiencia.

4. *Resultados en relación con proceso:* Muchos supuestos creadores se atoran en el proceso de crear antes de saber lo que desean crear. Fritz enfatiza que no puedes pensar como llegar a alguna parte antes de saber dónde está esa "alguna parte". Así que concéntrate en los resultados que deseas lograr antes de considerar cómo lograrlos.

5. *Lo desconocido y lo conocido:* Asegúrate de saber la diferencia entre observación y especulación y no los confundas. Cuando tratas con lo desconocido, cualquier pensamiento al respecto es especulación. Ya que crear involucra producir algo nuevo, todavía es desconocido hasta que lo hayas creado. Pero puedes sólo comenzar con lo existente o lo conocido, es decir, de la realidad actual a la que se puede acceder sólo mediante la observación, no la especulación. La especulación nunca puede conducir a la creación a menos que se base en observación sólida.

6. Lo conocible y lo no conocible: También debes distinguir entre lo que se puede conocer, sea que lo conozcas ahora o no, y lo que no es posible conocer. Es tentador llenar los vacíos del conocimiento con especulación, lo cual es algo destructivo para tu meta. Lo desconocido primero se debe dividir entre lo conocible y lo no conocible, y luego lo conocible pero todavía desconocido se puede volver conocido mediante la observación y la investigación, manteniéndote alejado de la ilusión de saber lo no conocible mediante la especulación.

7. Sistemas instintivos y autoconcebidos de tensión-resolución: Tu creación será el resultado de tu visión de lo que deseas producir. El vacío entre tu visión y la realidad actual con respecto a lo que deseas crear, tiene como resultado lo que Fritz llama "tensión estructural", que se resuelve cuando tu visión se convierte en realidad. A veces existe la tentación de reducir la tensión en el tiempo más corto posible al establecer una meta que no será de tu agrado o de una calidad inferior a lo que de otra manera pudiste lograr. Es aconsejable posponer la resolución de la tensión en forma estratégica hasta que elabores una meta del estándar y la calidad de que eres capaz y de la que estás orgulloso de alcanzar.

8. Aprendices y artistas: Los artistas creen que han alcanzado lo máximo de sus capacidades y tratan de desempeñarse siempre al máximo de sus supuestas habilidades. Por otro lado, los aprendices creen que pueden aprender formas más nuevas y mejores de lo que han estado haciendo, incluso si sufren reveses temporales en su camino a aprender destrezas nuevas. El enfoque de aprendizaje es más fructífero para generar resultados de calidad.

9. Elección y obligación: Lo que creas y cómo lo haces es un asunto de tu elección. Puedes evadir la responsabilidad al creer que estás cumpliendo una obligación, pero al hacerlo podría optar por las segundas mejores acciones hacia la meta que atribuyes a tu obligación. La única obligación que tienes es ejercer tus elecciones con honestidad.

10. Estirar y consolidar: Cuando exploras lo nuevo, lo inusual o lo desconocido, extiendes tus habilidades, hasta que por repetición estas áreas se vuelven familiares y rutinarias. El proceso te ayuda a adquirir, consolidar y dominar destrezas antes inexistentes.

11. Separación y condición de ser uno: Tu creación no es parte de ti. Es importante que te des cuenta de manera que puedas darle una sensación esencial de separación que estaría faltando si tuvieras una sensación de ser uno con ella. La condición de separación es necesaria para establecer la relación apropiada entre tú y tu creación.

12. *Orientación de primera persona y tercera persona:* Ciertos posibles creadores están preocupados en exceso con ellos mismos. La orientación de primera persona limita demasiado las posibilidades de lo que crean. Una orientación de tercera persona dirigida al objeto de la creación, más que a ellos mismos, es más eficiente y productivo en el proceso creativo.

13. *Ideales en relación con realidad:* La gente tiene todo tipo de ideales y creencias sobre ellas mismas que limitan sus logros. Fritz cree que lo bien o mal que te sientas respecto a ti mismo es irrelevante para el proceso creativo. Concentrarte en tu creación y los pasos para lograrla, más que en el creador en sí, te ayudará a evitar las trampas que se asocian con la baja estima.

14. *Punto de vista mundial en relación con creación:* No permitas que tus ideas de cómo funciona el universo interfieran con lo que estás creando. Estas ideas son verdaderas o falsas y nada de lo que pienses cambiará la realidad. Pero pueden interferir si las dejas, con la calidad de tu creación.

15. *Verdad absoluta y relativa:* Deja la pregunta de cuál es la naturaleza de la verdad y tales temas fuera del ámbito de tu creación. Apégate a lo que se puede alcanzar, que es el reino de la verdad relativa.

16. Carga o bendición: Cuando consideras las cargas de la vida, estás pensando en tu insatisfacción con la situación actual. Cuando estás dedicado al proceso creativo, estás empleando las bendiciones de la vida que te permiten ejercer elecciones en la vida.

17. Crear tu vida... crear creaciones individuales en tu vida: Tu vida está formada por innumerables partes pequeñas. No puedes construir tu vida como un todo, sino que puedes crear las partes que amas y ellas contribuirán a la calidad de tu vida como un todo.

18. Activo-pasivo: El ritmo de la creación consta de alternar periodos activos y pasivos. Asiéntate en el ritmo personal creativo que mejor se ajuste a ti y al objetivo de tu creación.

Para resumir, entonces, vamos a considerar el proceso creativo como lo visualizó Fritz empleando los puntos de referencia previos. Primero está la etapa de concepción del resultado que deseas. No confundas tu creación con la solución del problema que está diseñada para eliminar la insatisfacción actual, ni debes confundirla con un paso en el proceso hacia lograr tu meta, por ejemplo, ponerte a dieta, estudiar yoga, etc., que no son fines en sí mismos. "Es fácil determinar el resultado final asumido de un paso del proceso si te haces la pregunta: ¿qué está diseñado para hacer el paso?, o una vez que he logrado este paso, ¿qué resultado tendré?", aconseja Fritz. "En la etapa conceptual, estás experimentando con ideas. Aún no has formado el resultado final último que deseas. En lugar de eso, estás probando con muchos resultados finales para ver cómo actúan. La experiencia que ganas al formar de manera gradual tus ideas te ayuda a aprender más sobre el resultado final que por último desearás crear".

El segundo paso es la visión. Aquí te concentras en un resultado final específico. Es posible que no hayas elaborado todos los detalles todavía, pero sabes la forma general. Por ejemplo, puede que quieras escribir un libro sobre administración. Es posible que todavía no hayas decidido si va a ser un estudio comparativo de ideas prominentes sobre la calidad, o un libro de estudios de caso sobre cómo se ha fomentado la calidad. "Algunas personas", dice Fritz, "piensan que deben decidir un resultado final de una sola vez y en consecuencia se contentan con un primera impresión. Por lo general, las primeras impresiones no están bien consideradas. Incluso si tienes una maravillosa primera impresión de un resultado final, si es en verdad maravillosa, todavía la tendrás después de que juegues con ella". Es aconsejable dejar que tu meta descanse en un anaquel por un tiempo antes de decidir con exactitud qué deseas.

El siguiente paso es una valoración de la realidad actual. Fritz es del punto de vista de que los creadores encuentran mucha mayor dificultad en valorar la realidad actual relevante para sus metas que descubrir con exactitud qué desean crear. Sin embargo, no se puede exagerar el énfasis de su importancia. Incluso en un asunto simple como organizar una reunión, debes considerar las instalaciones actuales. ¿Qué necesitas para la reunión? Una habitación, diez sillas, bloc de hojas, equipo de proyección, instalaciones para el té. ¿Lo tienes todo? Si no, tu reunión puede terminar en desastre. Cuanto más en el caso de creaciones más complejas. Una valoración realista de la realidad actual y del vacío entre ella y tu visión creará la tensión que se resolverá sólo cuando tu creación adopte su forma final.

El cuarto paso es actuar. "Aunque muchas personas saben mucho sobre los pasos que las ayudarán a moverse de donde están a donde desean ir, todavía esperan y esperan y esperan. ¿Por qué? Porque no hay garantías de que sus acciones funcionarán...", afirma Fritz. "Es importante equilibrar la planificación con la acción. Los planes conducen a acciones que producen experiencia directa de los planes. Esto conduce a corregir esos planes..." y la acción posterior y mejor conocimiento de lo que se requiere para lograr tu resultado final.

El quinto paso es "ajustar-aprender-evaluar-ajustar". Éste es un proceso de aprendizaje que no sólo es intelectual sino visceral conforme interiorizas el proceso mediante la práctica.

El sexto paso aumentar la velocidad. Se puede llevar a cabo empleando fechas límite para organizar tus acciones. Al ir hacia atrás de tu fecha límite para el resultado final, estableces una fecha límite para cada paso previo.

El séptimo paso es "siempre tener un lugar para ir". Es tener el siguiente paso siempre en mente y estar listo para actuar en él.

El octavo paso es la terminación. Has logrado tu resultado. Lo comparas con lo que tenías en mente, haces algunos ajustes, de nuevo lo comparas y todavía haces algunos cambios más, hasta que decides que eso es todo. Algunas personas, comenta Fritz, nunca completan un proyecto. Puede ser útil tener otro proyecto en mente para permitirte combatir esta tendencia.

El último paso es vivir con tu creación. Puedes no estar satisfecho de inmediato con tu creación. Tu actitud puede cambiar con el paso del tiempo. Puede que te guste más o menos. Si es menos, puedes emplearla para aprender a mejorar en tu próxima creación.

6

Domina tu intuición

Abdul era un abogado exitoso. Se había casado con Shernaz, una esteticista y dueña de una boutique. Tenían dos hijos, Salim y Naazneen, ambos en la universidad. Hasta este momento, todo parecía ir bien en la familia. Administraban su tiempo con éxito a pesar de sus muchas preocupaciones y se daban apoyo unos a otros y demostraban interés en las acciones de los demás.

Pero entonces la situación empezó a salir mal. Abdul se volvió todavía más exitoso y empezó a ejercer en la Suprema Corte. Como residente de Bombay, tenía que volar a otras partes con mucha frecuencia y tenía que quedarse lejos de su familia. También Shernaz amplió su negocio de belleza y estableció una sucursal en Bangalore. Pero no alcanzó el éxito del de la empresa de Bombay y ella empezó a perder dinero. También tuvo que hacer frente a la demanda que se produjo por la queja de un consumidor respecto a uno de sus productos. Mientras tanto, Salim tomó medicamentos y tuvo que ser hospitalizado después de una sobredosis. Naazneen se marchó para vivir con un empresario, que no era de su comunidad o de su religión, al cual había conocido por suerte. Todos estos eventos que tuvieron lugar en el transcurso de tres años crearon innumerables tensiones en cada uno de los miembros de la familia. Falló la salud de Abdul. La presión sanguínea alta y un problema cardiaco lo obligaron a restringir el ejercicio de la ley y sus viajes. También Shernaz estuvo cerca de un colapso nervioso. Cerró su sucursal de Bangalore y resolvió la demanda y se quedó en Bombay, en una condición muy deprimida. A Salim lo metieron en un centro de desintoxicación, y no tuvieron pista de Naazneen por largo tiempo.

Uno de los clientes de Abdul, al escuchar de la condición de su familia, le aconsejó probar una técnica que a él le habían enseñado, para despertar su intuición y había podido emplearla para resolver sus propios problemas fuertes y tomar las decisiones correctas en la vida.

Abdul siguió su consejo y entrenó también a su esposa para usar la técnica. Tuvo tanto éxito en resolver sus problemas que persuadieron también a su hijo para intentarlo. En consecuencia, pudo dejar su hábito de drogas y volver a una vida normal.

A la larga, la hija se puso en contacto con ellos, y la persuadieron para casarse con su pretendiente, con el que estaba viviendo. Además, emplearon con éxito la técnica de intuición para abordar cualquier problema que enfrentaran. A continuación se describe el paquete de técnicas.

Cómo despertar tu intuición

Propósito: Tener control de tu problema, su fundamento y las implicaciones emocionales. Encontrarle una solución que sea satisfactoria para ti desde todos los puntos de vista. A menudo tendemos a preferir cursos de acción que se llevan a cabo basados en la razón o la emoción. La intuición es una combinación de razón, emoción y sabiduría corporal que toma en consideración los intereses y capacidades del organismo completo. La acción realizada con base en la intuición es, así, el curso disponible más racional en última instancia.

Duración: Al principio, alrededor de una hora por vez, luego menos de 10 minutos por vez.

Postura: Cualquier posición cómoda.

Procedimiento:

1) Siéntate con comodidad. Cierra los ojos, moviéndolos un poco hacia arriba. Imagina que tu mente es una habitación abarrotada con todos tus problemas. Limpia la habitación de los problemas, tirándolos en un camión de basura. **Pregúntate:** ¿Qué está mal en mi vida? ¿Qué me impide sentirme dueño del mundo? No respondas. Pueden saltar muchos problemas a tu mente. Acomódalos en la pared de la habitación de tu mente sin exa-

minarlos, como si fueran paquetes, cada uno con una etiqueta, por ejemplo: "Matrimonio", "Hijos", "Finanzas", "Trabajo", etc. **Pregúntate:** Supón que todos estos problemas se han resuelto, ¿estaría yo bien? No respondas. Surgirán más problemas o tu cuerpo tendrá la sensación de que sin esos problemas te sentirás de maravilla. Continúa arreglando tus problemas en la habitación de tu mente, hasta que tu cuerpo tenga la sensación de que estarás bien al sacar todos esos problemas de tu camino.

2) Escoge un problema para abordar mediante tu intuición. No examines el problema en detalle. Sólo recuerda el problema y trata de percibir qué sentimiento tenía tu cuerpo al respecto. ¿Se siente coartado, tenso, tirante, sofocado? Date cuenta de la sensación de incomodidad que el problema produce a tu cuerpo, sin importar lo poco clara o lo ligera que pueda ser al principio.

3) Tu mente necesita una llave para abrir ese sentimiento en tu cuerpo. Encuentra una palabra o frase, en inglés o en tu propio idioma, que se ajuste a esa sensación de incomodidad del cuerpo: ¿"Deprimido"? ¿"Atemorizado"? ¿"Pesadez"? ¿"Compresión del pecho"? ¿"Peso en la mente"? ¿"Temor frío"? Dedica algo de tiempo hasta que tengas una palabra o frase clave apropiada.

4) Por turnos piensa en la palabra y en encontrar el sentimiento del cuerpo del problema y qué tan bien se ajustan entre sí. Espera hasta que se ajus-

ten a la perfección. Podrías necesitar cambiar a otra palabra o la sensación del cuerpo puede alterarse ligeramente. Si sucede lo segundo, date cuenta del cambio todo el tiempo. Mantén tu mente en eso. Luego encuentra una nueva palabra o trata de ajustar la antigua. Cuando la palabra y la sensación se ajustan a la perfección entre sí, quédate con esa sensación por un minuto o algo así.

5) *Vamos a decir que tu palabra clave es "sofocado"*. Pregúntate: ¿qué aspecto de este problema hace que esté sofocado? Continúa con esa pregunta hasta que salte una respuesta en tu mente. Si no tienes la respuesta, continúa con el problema empleando estas preguntas: "¿Cuál es la peor parte de esta situación?". "¿Qué impide que se resuelva?". "¿Qué tiene que suceder para que me sienta mejor al respecto?".

   Nunca empieces ninguna pregunta con "Por qué". No respondas ninguna de estas preguntas. Espera a que surja la sensación y te proporcione la respuesta que entonces puedas poner en palabras.

   Si todavía no surge la respuesta, pregunta: "Cómo se sentiría si se resuelve el problema". Deja que tu cuerpo responda con la sensación apropiada. Luego pregunta: "¿En qué forma puede suceder eso?". Prueba este enfoque varias veces hasta que tengas una respuesta.

6) Acepta cualquier sensación que surja como primer paso a una solución. No dejes que tu mente lo cri-

tique o reprima. No tienes que creer nada. Sólo mantén la mente abierta. Acepta de todo corazón la sensación que el cuerpo ha liberado respecto a la dirección de la solución al problema. Si no es la solución completa, pasa por otra vuelta de preguntar a tu mente y cuerpo hasta que el problema se desenrede por completo.

Luego continúa con el siguiente problema que dejaste de lado, cuando tu cuerpo y tu mente estén listos para él.

Ensancha tu intuición

Propósito: Emplear por completo esos poderes de intuición después de despertarlos en tu interior.
Postura: Sentado.
Duración: En segmentos de 10 minutos.

Procedimiento

1) Cierra los ojos y haz inspiraciones profundas, dejando que tu cuerpo se relaje.
2) Considera las últimas 24 horas de tu vida. Haz una lista de todas las decisiones o elecciones que has tomado durante este tiempo. ¿Estás contento con ellas? Concéntrate en cada decisión por vez con tu mente y deja que el cuerpo responda con una sensación positiva o negativa respecto a qué tan acer-

tada fue. ¿Qué alternativas estaban abiertas para ti? ¿Cómo responde tu cuerpo a cada alternativa?

3) Abre los ojos. Haz una lista de lo que creas que deberías hacer en tu vida: "Debería dejar de beber", "Debería conseguir un trabajo nuevo", "Debería aprender una destreza nueva", etc. Haz la lista tan larga como puedas. Discútela con un amigo.
4) Vuelve a escribir la lista, reemplazando los "Debería" con "podría" siempre que pienses que puedes manejarlo. "Podría dejar de beber", "Podría encontrar un trabajo nuevo", "Podría aprender una destreza nueva". Cada vez que escribas una oración, consulta la sensación del cuerpo al respecto. ¿Tu cuerpo siente que en verdad podrías hacerlo? ¿O se siente coartado, tenso, opuesto? Si sientes en cuerpo y mente, con fuerza, que deberías hacer algo, pero tienes una respuesta negativa a ser capaz de hacerlo, pon tu intuición a trabajar como en "Cómo Despertar Tu Intuición" para resolver la situación, o intenta cualquiera de las técnicas de creatividad que se enseñan en este libro.
5) Cierra los ojos, moviéndolos un poco hacia arriba e imagina que estás bajando en una escalera de espiral. Cuenta los escalones mientras desciendes, desde 50, el escalón más alto, a 1. Cuando llegues al escalón 1 en la parte baja, imagina que estás frente a una puerta cerrada que tiene escrito *Intuición*. Abre la puerta y entra. ¿Qué ves en el interior? Mira a tu alrededor. Toma tu tiempo. ¿Hay algo que desees

llevar contigo? ¿Hay alguien en la habitación... una persona o un animal? Podría ser Shakespeare, Meena Kumari o un perico que hable. La persona o el animal podrían estar de acuerdo en convertirse en tu guía para manejar tus problemas. Pídele consejo y se te dará.

Esta habitación es un lugar al que puedes volver en cualquier momento que quieras, para resolver un problema o para descansar unos minutos de tus preocupaciones. Puedes amueblar la habitación de tal manera que te sientas cómodo en ella.

Ahora vuelve. Cierra la puerta de la *Intuición* y sube las escaleras. Siempre que tengas un problema baja la escalera a la habitación de la *Intuición* y comenta el problema con el personaje que está ahí, para que se resuelva.

Cómo entrenar tu intuición

Propósito: Entrenar tu intuición para expandir tus capacidades al máximo y extraer abundantes beneficios para ti y para los que decidas ayudar.

Postura: Siéntate con comodidad.

Duración: El programa de entrenamiento durará 20 días, requiriendo alrededor de una hora por día. Sin embargo, una vez que el entrenamiento termina, sólo se necesitarán unos minutos para aplicar las destrezas ganadas cada vez que se necesiten.

Procedimiento:

Día 1: Siéntate con comodidad donde no te molesten por alrededor de una hora. Asegúrate de no dormir si te relajas muy profundamente. Es mejor si no apoyas la cabeza en ninguna parte y mantienes la columna vertebral recta pero no tensa. Cierra los ojos y gíralos hacia arriba, imagina que estás en la parte superior de una escalera subterránea. Tiene 100 escalones, cada uno numerado con claridad. El escalón más alto está numerado 100, el del fondo 1. Baja la escalera, contando cada escalón de 100 a 1. No te apresures.

Cuando bajas el último escalón, estarás de frente a una puerta que tiene una inscripción que dice *Intuición*.

Abre la puerta y dentro verás una habitación con sofá, mesa, silla, un espejo de cuerpo entero, televisión y diversos muebles. En la mesa está una canasta con varias frutas. Toma tres de tus favoritas: digamos, mango, manzana y durazno. Corta cada una de ellas con un cuchillo en mitades y observa sus colores y texturas. Tócalos y siente su pegajosidad en tus dedos. Huélelos. Luego cómelos, tira la cáscara y las semillas, si tiene, en el bote de basura junto a la mesa.

Ahora recuéstate en el sofá. Relaja en forma progresiva todos tus músculos, desde la parte superior de tu cabeza hasta los dedos de los pies, primero tensándolos y luego relajándolos. Cuando hayas terminado, cuenta de 1 a 5, diciéndote al terminar de contar: "Estoy descansado por completo, bien despierto y lleno de energía". Levántate de la cama, sal de la habitación, cerrando la puerta y sube corriendo los 100 escalones.

Ahora abre los ojos. Haz este ejercicio dos o tres veces durante el día.

Día 2: Siéntate con comodidad, como el día 1, cierra los ojos, gíralos hacia arriba, vete parado en la parte superior de la misma escalera que el día 1. Baja caminando con lentitud, contando cada escalón de 100 a 1, hasta que estés parado frente a la puerta *Intuición*, ábrela y entra a tu habitación. Hay un espejo de cuerpo entero que mira hacia un lado del sofá, párate frente a él y examina tu reflejo en detalle. ¿Cómo está peinado tu cabello? ¿Te estás quedando calvo? Examina la piel de tu cara. ¿Está fresca o arrugada? ¿Tus ojos están alerta o adormilados? ¿Tu torso es elegante o está caído? ¿Tu estómago es prominente o plano? ¿Cómo estás vestido? ¿En forma meticulosa o descuidada? ¿Tus pies están desnudos o con zapatos? ¿Tus zapatos están lustrados? ¿Tus pies están bien cuidados?

Ahora ve al sofá y relájate en forma progresiva de la cabeza a los pies. Luego visualízate en el espejo diez años más joven y vigoroso de lo que te viste antes. Pasa algún tiempo examinando tus rasgos rejuvenecidos. Ahora cuenta de 1 a 5 y di: "Estoy bien despierto, descansado y lleno de energía". Sal de la habitación, cierra la puerta y sube corriendo la escalera. Abre los ojos. Haz el ejercicio dos o tres veces durante el día.

Día 3: Siéntate con comodidad en una silla como la vez previa. Cierra los ojos y ve a la escalera subterránea. Baja caminando contando los escalones de 100 a 1 hasta que llegues al fondo. Trata de sentirte más y más relajado cada día cuando bajas la escalera. Abre la puerta *Intuición* y entra a tu habitación. Esta vez vas a encontrar ahí a un amigo, cónyuge o hijo... alguien cercano a ti: saluda a la persona y obsérvala, con cuidado, como si no hubieras visto a la persona por un año o algo así. Habla con la persona todo lo que quieras, luego ve a tu sofá, recuéstate y relaja los músculos como antes. Siéntete más cerca que nunca a tu amigo, cónyuge o hijo en la habitación. Perdona cualquier defecto que pueda tener y acepta a la persona por completo.

Cuenta de 1 a 5 diciéndote: "Estoy bien despierto, descansado y lleno de energía". Despídete de tu amigo y, al cerrar la puerta, sube corriendo la escalera. Abre los ojos. Haz el ejercicio dos o tres veces durante el día.

Día 4: Siéntate con comodidad como en días anteriores, cierra los ojos y ve a tu escalera subterránea. Conforme bajas caminando contando los escalones de 100 a 1, siente que te relajas en forma progresiva, sintiendo la relajación en tus músculos. Cuando llegues al fondo, abre la puerta *Intuición* y entra a tu habitación. Hay otra puerta dentro de la habitación. Ábrela. Conduce a un prado donde ves tu casa o departamento donde vives en la actualidad. La estás viendo desde el exterior;

observa sus colores, la puerta, las ventanas, las paredes, el balcón si tiene, etc. ¿Parece nuevo? ¿Está bien conservado? ¿O está en mal estado? Observa todos los aspectos de tu casa.

Ahora ve al sofá en la habitación. Relaja todos los músculos de tu cuerpo en forma progresiva, luego visualiza tu casa rodeada por una luz blanca. Considérala como una luz protectora que protegerá tu casa y sus ocupantes. Ahora deja que la visión se disuelva. Cuenta de 1 a 5 diciéndote: "Estoy bien despierto, descansado y lleno de energía". Cierra las puertas de la habitación y sube corriendo la escalera. Abre los ojos.

Haz el ejercicio dos o tres veces durante el día.

Día 5: Siéntate con comodidad como en días anteriores. Cierra los ojos. Ve a tu escalera subterránea. Antes de que empieces a bajar di: "Entre más profundo voy, más pacífico y relajado estaré. Todos los días, de todas formas, mejoro y mejoro en todo lo que hago". Baja la escalera contando los escalones de 100 a 1. Abre la puerta *Intuición* cuando llegues abajo. Cruza la habitación y abre la otra puerta que conduce al prado. Ahora rodeando toda tu casa está un hermoso jardín con flores de todos los colores. Un arroyo corre cerca y las aves gorjean en todos lados. Te sientes lleno de paz y comodidad. Relájate en el jardín. Trae lo que sea, un libro, un instrumento musical, un amigo, que te haga sentir más cómodo. Admira tu casa desde donde estás. De nuevo deja que brille en luz blanca protectora. Quédate y disfruta tu bienestar todo el tiempo que desees. Luego levántate, ve a tu sofá, relaja todos los músculos de una sola vez. De nuevo visualiza el jardín en el prado y tu casa desde el exterior en detalle. Cuenta de 1 a 5 diciéndote: "Estoy bien despierto, descansado y lleno de energía". Cierra las puertas de la habitación cuando salgas y sube corriendo la escalera. Haz el ejercicio dos o tres veces durante el día.

Día 6: Siéntate con comodidad y cierra los ojos. Ve a la escalera y baja corriendo sin contar hasta que llegues al escalón 50. Deténte ahí y di: "Todos los días, de todas formas, mejoro y mejoro en todo lo que hago. Pensamientos positivos me producen los beneficios que deseo". Ahora baja el resto de la escalera contando de 50 a 1. Abre la puerta *Intuición,* entra a la habitación, abre la otra puerta. Sal al prado. Recuéstate en él. Asimila las vistas, olores y sonidos que impregnan el lugar. Relaja todos tus músculos y di: "Cuando duerma esta noche quiero recordar uno de mis sueños". Luego cuenta de 1 a 5 diciéndote: "Ahora me siento bien despierto, descansado y lleno de energía". Entra a la habitación, cierra la puerta. Deja la habitación por la puerta de *Intuición*. Ciérrala y sube corriendo la escalera. Haz el experimento dos o tres veces durante el día. En la noche, ten un cuaderno junto a la cama para escribir cualquier sueño que puedas tener. Escríbelo.

Día 7: Siéntate con comodidad y cierra los ojos. Ve a tu escalera y baja corriendo los primeros 50 escalones, luego deténte. Di: "Todos los días, de todas formas, mejoro y mejoro en todo lo que hago. Pensamientos positivos me producen los beneficios que deseo". Baja caminando el resto de la escalera hasta llegar a la puerta *Intuición*. Ábrela, entra a la habitación, abre la otra puerta, sal al prado. Recuéstate. Relaja tus músculos. Siéntete bien respecto a ti y a todos los demás en tu vida. Si algo te molesta, envuelve los pensamientos en un paquete. Ponle un sello con una descripción como "Preocupación", "Problemas con el jefe" y déjalo caer en el arroyo cercano y mira cómo se aleja flotando. Relaja tus músculos y di: "Quiero recordar un sueño esta noche". Cuenta de 1 a 5 diciéndote: "Ahora estoy bien despierto, descansado y lleno de energía". Sube la escalera, después de cerrar la habitación. Abre los ojos. Haz el ejercicio dos o tres veces durante el día. Ten un cuaderno junto a la cama para escribir cualquier sueño que puedas recordar al despertar.

Día 8: Siéntate con comodidad y cierra los ojos. Baja corriendo la escalera bajo tierra hasta que llegues al escalón 50. Luego deténte. Di: "Todos los días, de todas formas, mejoro y mejoro en todo lo que hago. Pensamientos positivos me producen los beneficios que deseo". Baja caminando los escalones restantes, contándolos de 50 a 1. Entra en tu habitación y luego ve al prado. Recuéstate y disfruta el paisaje. Imagina que logras alguna meta importante en tu vida. Ve en detalle cómo disfrutas los frutos de ese logro. Siéntete bien al respecto. Cualquier reserva que puedas tener, o pensamientos negativos, envuélvelos en paquetes, lánzalos al arroyo y obsérvalos flotar alejándose. Relaja tus músculos y di: "Quiero recordar mis sueños". Cuenta de 1 a 5 diciéndote: "Me siento descansado, bien despierto y lleno de energía". Levántate y sube corriendo la escalera. Abre los ojos.

Haz el ejercicio dos o tres veces durante el día. Escribe cualquier sueño que puedas tener, en pocas palabras.

Día 9: Siéntate con comodidad y cierra los ojos. Ve a tu escalera y baja corriendo hasta el escalón 50. Deténte y di: "Todos los días, de todas formas, mejoro y mejoro en todo lo que hago". Luego baja caminando, contando de 50 a 1. Abre la puerta *Intuición* a la habitación y siéntate ante la mesa. Te servirán tus platillos favoritos. Cómelos, disfrutando todo lo que comas. Cuando termines, abre la otra puerta, ve al prado y recuéstate. Relaja tus músculos. Luego di: "Quiero recordar mis sueños esta noche". Cuenta de 1 a 5 diciendo: "Estoy bien despierto, descansado y lleno de energía". Sube la escalera y abre los ojos. Haz el ejercicio dos o tres veces durante el día. Escribe cualquier sueño que puedas tener.

Día 10: Siéntate con comodidad y cierra los ojos. Ve a tu escalera y baja corriendo hasta el escalón 50. Luego deténte. Di: "Todos los días, de todas formas, mejoro y mejoro en todo lo que hago". Baja caminando los escalones restantes, abre la puerta *Intuición*, entra en tu habitación y luego ve al prado. Recuéstate. Relaja tus músculos. Mira que las manecillas de tu reloj de repente avanzan una hora. Imagina que algo bueno te está sucediendo en esa hora: ganar la lotería, tener un ascenso, hacer un nuevo amigo, etc. Disfruta el evento por completo.

Di: "Quiero recordar mis sueños esta noche". Cuenta de 1 a 5 diciendo: "Estoy bien despierto, descansado y lleno de energía". Sube corriendo la escalera y abre los ojos.

Haz el ejercicio dos o tres veces durante el día. Escribe cualquier sueño que puedas tener en tu cuaderno de notas en cuanto te despiertes.

Día 11: Siéntate con comodidad y cierra los ojos. Corre bajando la escalera subterránea hasta el escalón 25 y luego deténte. Di: "Todos los días, de todas formas, mejoro y mejoro en todo lo que hago. Pensamientos positivos me producen los beneficios que deseo".

Luego baja caminando los escalones restantes, contándolos del 25 al 1. Ve a tu habitación y después al prado. Recuéstate. Trata de recordar los sueños que escribiste la semana previa. ¿Son agradables o atemorizadores? Si son atemorizadores, envuelve todo lo que te atemorizó en el sueño y déjalo caer en el arroyo. ¿Tu sueño tiene un tema… está tratando de decirte algo? Sólo considéralo un momento. Podría estar tratando decirte que cambies la dirección de tu vida, o hacer algo a lo que te has estado resistiendo. Tal vez tengas miedo de hacerlo. Envuelve el temor y déjalo caer al arroyo y considera tu vida de nuevo en forma racional. ¿Estarás tomando demasiados riesgos? Deja que tu intuición decida. Si no puedes, déjalo para más adelante. Ahora relaja todos tus músculos. ¿Alguna parte de tu cuerpo no trabaja como debiera? Por ejemplo, ¿tienes problemas de digestión? Planea hacer una visita a todos esos órganos problemáticos, darles masaje, ordenarles liberar sus tensiones y trabajar de nuevo con eficiencia. Hoy empieza con tus músculos. Dales masaje. Ordénales liberar su cansancio y tensión. Cuenta de 1 a 5. Di: "Estoy bien despierto, descansado y lleno de energía". Levántate y sube la escalera. Abre los ojos. Haz el ejercicio dos o tres veces durante el día.

Día 12: Siéntate con comodidad y cierra los ojos. Ve al escalón 25 de tu escalera y deténte. Di: "Todos los días, de todas formas, mejoro y mejoro en todo lo que hago. Pensamientos positivos me producen los beneficios que deseo". Contando los escalones de 25 al 1, ve a la habitación y al prado, y recuéstate.

Analiza tus sueños. ¿Tienen un tema común con un mensaje para ti? No te esfuerces mucho en desentrañarlos. Pero tu intuición te podría dar una pista sobre los cambios en tu vida que los sueños pueden estar aconsejando. Relaja tus músculos y visita todos tus órganos vitales, dándoles masaje. Ve todo tu cuerpo rodeado por luz blanca curativa. Deja que la luz penetre en tus órganos vitales. Ordénale que los cure. Si cualquier órgano parece enfermo o mal, aplícale un bálsamo, mentalmente.

Cuenta de 1 a 5 diciendo: "Ahora estoy bien despierto, descansado y lleno de energía". Sube corriendo la escalera y abre los ojos. Haz el experimento dos o tres veces durante el día.

Día 13: Siéntate con comodidad y cierra los ojos, girándolos un poco hacia arriba. Como antes, corre bajando hasta el escalón 25 de la escalera. Di las siguientes oraciones: "Todos los días...", y "Pensamientos positivos...". Camina bajando el resto de los escalones, contando de 25 al 1.

Recuéstate en el prado y examina tus sueños. Considera qué cambios te dicen que lleves a cabo en tu comportamiento. Decide llevarlos a cabo. Trae ante ti las personas que te desagradan. Perdónalas por sus rasgos desagradables. Cualquier irritación que sientas, envuélvela y déjala caer en el arroyo. Cuenta de 1 a 5 y siéntete alerta, descansado y lleno de energía. Sube la escalera y abre los ojos.

Haz el ejercicio dos o tres veces durante el día.

Día 14: Como en el día previo, trabaja con tus sueños y libérate de tus rasgos indeseables dejándolos caer en el arroyo. Busca en tu vida más personas que te han desagradado. Perdónales sus cualidades desagradables. Cuenta de 1 a 5, sintiéndote descansado y lleno de energía. Sube a la superficie y abre los ojos.

Haz el ejercicio dos o tres veces durante el día.

Día 15: Como antes, ve al prado después de seguir el procedimiento completo para llegar ahí. Recuéstate. Relaja tus músculos. Haz una lista de todos tus defectos, envuélvelos y déjalos caer en el arroyo. Mírate como una persona nueva en que se han fortalecido todos tus puntos buenos y se han superado tus defectos. Perdónate por todas tus malas acciones que todavía te molestan. Déjalos caer a todos en el arroyo. Siéntete sin problemas y liberado. Cuenta a 5, sintiéndote despierto, descansado y lleno de energía. Sube a la superficie y abre los ojos.

Haz el ejercicio dos o tres veces durante el día.

Día 15 a 20: Siéntate con comodidad y cierra los ojos. Corre bajando la escalera hasta el escalón 10 y deténte. Di: "Entre más bajo, más profundo y más rápido entro en mí mismo. Todos los días, de todas formas, mejoro y mejoro en todo lo que hago. Pensamientos positivos me producen los beneficios y ventajas que deseo". Camina bajando los escalones restantes, contando de 10 a 1. Recuéstate en el prado. Imagina que estás observando una película del día que te espera como te gustaría que sucediera. Relaja todos tus músculos. Un gurú al que respetes, sea un santo, tu jefe, un anciano de la familia o una persona famosa, aparece frente a ti en el prado. Comenta con él tus problemas. Escucha su consejo.

Si tienes reservas, exponlas. Considera su consejo y discute tu plan de acción del día siguiente.

Cuenta de 1 a 5. Siéntete bien despierto, descansado y lleno de energía. Sube corriendo la escalera y abre los ojos.

Todos los días haz este ejercicio dos o tres veces al día.

El día posterior al día vigésimo, siéntate con comodidad y cierra los ojos, girándolos hacia arriba. Baja corriendo la escalera hasta el escalón 10. Luego baja caminando, contando del 10 al 1, entra en tu habitación *Intuición* y recuéstate en el sofá o en el prado y di: "Cada vez que truene los dedos con la intención de ir a la habitación *Intuición* y consultar a mi gurú, estaré de inmediato en la habitación *Intuición*". (De ahora en adelante cualquier vez que tengas un problema, truena los dedos y entra a tu habitación *Intuición* para resolverlo, con o sin la ayuda de tu gurú.) Ahora cuenta de 1 a 5 y levántate descansado y lleno de energía para continuar con tu vida.

7

Domina tu personalidad

Solomon era un ejecutivo con talento pero tenía una seria desventaja en su personalidad. Creía que tenía todas las respuestas y tendía a aplastar cualquier oposición a su forma de hacer las cosas. En el principio había tenido la suerte de tener jefes a los que no importaba cómo se hacían las cosas, en tanto tuvieran los resultados que querían. No era popular entre sus subordinados, pero no le importaba. Sin embargo, cuando se elevó en su organización, Solomon empezó a encontrar problemas cuando tenía que trabajar en equipos de iguales que no aceptaban con amabilidad que los rechazaran o ignoraran con rudeza. Pronto se encontró aislado y se vio obligado a admitir su debilidad. Un amigo regaló a Solomon libros sobre relaciones personales y trabajo en equipo. Entre ellos encontró dos que cambiaron su vida. Uno era sobre Typewatching, el otro sobre Eneagrama. Lo fascinaron con sus posibilidades y procedió a poner sus conocimientos en práctica. No pasó mucho tiempo antes de que Solomon se convirtiera en el miembro ideal de equipo y un negociador formidable aunque afable.

(A) Typewatching

Propósito: Darte cuenta de tu tipo de personalidad de manera que hagas contrapeso a cualquiera de sus debilidades.
Postura: Irrelevante.
Duración: En conjunción con las interacciones personales.

Ha sido una preocupación importante de los departamentos de personal, agencias de reclutamiento, departamentos de desarrollo de recursos humanos y de los psicólogos corporativos obtener un ajuste tan perfecto como sea posible entre el personal y sus empleos. Han tratado de lograrlo mediante una batería de pruebas diseñadas justo para este propósito, con diversos grados de éxito.

Dos psicólogos, Otto Krueger y Janet Thuesen, en sus libros fundamentales: *El tipo habla* y *El tipo habla en el trabajo*, han desarrollado un enfoque diferente. Al permitirnos descubrir cuál es nuestro tipo de personalidad, han tratado de mostrar cómo opera y prospera en cualquier entorno de trabajo o, ya que estamos en eso, en la vida diaria.

Typewatching, como los dos psicólogos llaman a su enfoque, se basa en las teorías del muy conocido psicólogo Carl Jung, y de avances posteriores de Katherine Briggs y su hija Isabel Briggs Myers que desarrollaron el ahora famoso Indicador de Tipo Myers-Briggs. Typewatching también divide a la gente en cuatro pares de preferencias esenciales: Extroversión (E) o Introversión (I), Sensorial (S) o Intuición (N), Pensamiento (T) o Sentimiento (F) y Calificador (J) o Perceptivo (P). Las diversas permutaciones de estas preferencias tienen como resultado dieciséis posibles combinaciones que a su vez determinan el enfoque de uno en la vida y el trabajo.

"La habilidad de algunas compañías para sobrevivir e incluso prosperar en medio de toda la confusión [de los tiempos actuales] está vinculada en forma directa con la medida en que sus empleados y dirección se comunican con efectividad entre sí", escriben Krueger y Thuesen. "No estamos hablando por fuerza de un intercambio abierto y franco de puntos de vista, o de volverse los mejores amigos de tus jefes, colegas o subordinados. Estamos hablando de convertir las muchas diferencias entre nosotros en poderosas herramientas en lugar de intrusiones que dividan. Estamos hablando de poner nuestras buenas intenciones a trabajar en una forma en que todos ganen. Estamos hablando de Typewatching. Typewatching es una respuesta constructiva a la inevitabilidad de poner nombres. Las etiquetas son perfectamente naturales; así es como distinguimos un objeto o persona de otro. Typewatching se basa en la noción de que mientras continuemos etiquetándonos unos a otros, bien podríamos hacerlo en la forma más diestra, objetiva y constructiva que sea posible. Es un sistema organizado y validado en forma científica que han empleado... individuos y organizaciones que desean comunicarse mejor".

Para comprender cómo funciona Typewatching en la práctica tal vez sea mejor tratar de descubrir primero a qué tipo pertenece uno. Esto debería ser bastante fácil de determinar mediante la prueba del Indicador de Tipo Myers-Briggs. Para quienes no han hecho esta prueba, aquí está una efectiva regla empírica: En la escala Extrovertido (E)-Introvertido (I), los extrovertidos reúnen su energía en su mayor parte de objetos y eventos externos mientras que los introvertidos la sacan en su mayor parte de su propio interior. En la escala Sensorial (S)-Intuición (N), los sensoriales reúnen información en una forma lineal, secuencial mientras que los intuitivos la reúnen en su mayor parte en una manera figurada y al azar. En la escala de Pensamiento (T)-Sentimiento (F), los pensadores toman sus decisiones en forma objetiva e impersonal mientras que los sensorios lo hacen en forma subjetiva e interpersonal. Por último, en la escala Calificador (J)-Perceptivo (P), los calificadores tienen un estilo de vida decidido y planificado mientras que el estilo de los perceptivos es flexible y espontáneo. De las descripciones anteriores deberías ser capaz de calificarte como E o I, S o N, T o F, J o P.

Una vez que sabes cuáles son tus preferencias (incluso si es en forma provisional, en caso de que estés todavía seguro de cuál es tu posición con exactitud), antes de que las apliques, revisa los 10 mandamientos de Typewatching como los enunciaron Krueger y Thuesen:

1) "La vida tiende a apoyar nuestras preferencias, haciendo que desconfiemos más aún de lo que no es nuestra preferencia". Es decir, tendemos a ver el mundo a nuestra imagen, o más bien, en el estilo de nuestras preferencias. Es mejor que tomemos en cuenta esta predisposición preferencial.
2) "Tu fuerza maximiza un riesgo". Todas las virtudes exageradas se convierten en vicios. La persistencia exagerada se convierte en terquedad. El valor excesivo se convierte en temeridad. También sucede con las preferencias.
3) "Typewatching es sólo una teoría, se requiere la vida real para validarla". Es decir, a menos que lo apliques en la práctica, no tiene significado para ti o para aquellos con los que trabajas o vives.
4) "Typewatching es sólo una explicación, nunca es una excusa". Como todos los conceptos de este tipo, Typewatching es una aproximación a la realidad. Es una forma de hacer que la situación funcione. Pero es contraproducente si se emplea para justificar nuestros defectos.
5) "El todo es más grande que la suma de sus partes". Typewatching es un concepto holístico de acuerdo al cual una persona no es sólo la suma total de sus atributos. Es decir, no se debería usar nunca Typewatching para restringir nuestro potencial para el éxito o de alguien más.

6) "Typewatching sólo es una lente con la cual ver la personalidad humana". Una persona viva es demasiado compleja para que la reproduzca por completo cualquier tipología, sin importar lo sofisticada que sea. Existen siempre otras formas de verse uno mismo que podrían ser útiles y no se deben descartar por tu compromiso con Typewatching.
7) "Para ser efectivo, Typewatching debe empezar contigo antes de que lo apliques a otros". No juzgues a otros antes de que te apliques el mismo rasero.
8) "Es más fácil hablar (o pensar) de Typewatching, que llevarlo a cabo". La práctica es la única forma de usarlo de manera productiva.
9) "No culpes de todo a tu tipo opuesto". Existen tan buenas razones para que él sea lo que es, como para que tú seas lo que eres y actúes como lo haces. No existen formas correctas o incorrectas aquí, sólo las formas más productivas de manejar situaciones y uno a otro.
10) "Typewatching no puede resolver todo". No es una panacea. Nada lo es. Su utilidad dependerá de lo que le pongas.

Aquí, por ejemplo, está cómo utilizar typewatching para establecer metas para tu familia, departamento o compañía. Primero date cuenta de tus propias preferencias y no preferencias de tipo, además de las preferencias de tu equipo o miembros de la familia.

Después sé respetuoso de las preferencias de tu equipo o familia. Acomodar en forma consciente a cada uno mediante las concesiones conductuales mutuas fortalece el proceso de establecimiento de las metas, haciéndolo más efectivo y alcanzable. Por ejemplo, los extrovertidos deberían permitir a otros más tiempo para pensar los temas; deberían escuchar con más cuidado las ideas opuestas antes de responder; escribir y someter las metas por adelantado para beneficio de los que preferirían dedicar más tiempo a considerarlas; deberían expresar de otra manera las sugerencias de los miembros del equipo para asegurar que las han escuchado y comprendido correctamente; no deberían asumir que los callados están de acuerdo con lo que se les ha dicho: se les debería invitar a decir lo que piensan en cada caso.

Los introvertidos deberían permitir a los extrovertidos expresarse con libertad sin poner en su contra lo que dijeron antes; deberían compartir sus procesos de pensamiento tanto como sus conclusiones: no deberían pensar que sus propios pensamientos son demasiado obvios o sin importancia para consideración; deberían expresarse más en forma no verbal, sonriendo, asintiendo con la cabeza o frunciendo el ceño para notificar al equipo de su reacción.

Los sensores no deberían rechazar las sugerencias demasiado al principio del juego; deberían alentar a otros a hablar también si parecen ser algo locuaces; se deben dar cuenta que llegará el tiempo de actuar, después de que se decide el pensamiento adecuado al proceso en sí. Los intuitivos deberían dedicar más atención a los detalles, empleando una lista de control para mantenerse en contacto con la realidad, empezando con las respuestas específicas en sus respuestas además de solicitar sugerencias en temas específicos.

Los pensadores deberían prestar atención a aclarar pensamientos expresados en forma inadecuada, recordar que trabajar juntos es tan importante como hacer que el trabajo se lleve a cabo; deberían tratar de predecir cómo afectará la meta a los involucrados; deberían abstenerse de dedicarse a debatir sólo por las ideas... distanciarán a quienes no tengan esa inclinación.

Los sensorios no deberían molestarse por los desacuerdos, tomándolos como insultos personales, ni deberían dejar que se sacrifique una idea por la armonía.

Los calificadores deberían mantener su mente en una forma no crítica hasta que todas las ideas se hayan expresado con libertad; todas las metas requieren tiempo para lograrse y los proponentes de ideas discrepantes no están ahí para sabotear sugerencias competidoras. Los perceptivos no deberían tratar de modificar todo lo que encuentran; deberían exponer sus opiniones con claridad; no deberían dar el salto a una decisión irreversible al instante, y deberían recordar que incluso las metas pequeñas valen la pena de lograr... son el camino a los grandes logros.

Resolver problemas es otra tarea cuya calidad se puede fortalecer mediante Typewatching. Isabel Briggs Myers desarrolló el Modelo Z de Resolución de Problemas, llamado así porque el proceso toma la ruta con forma de Z del modo de Sensorial a Intuición (en un diagrama, colocado a la derecha) y luego en diagonal hacia abajo y la izquierda donde está ubicado el modo de Pensamiento y luego al modo de Sentimiento, a su derecha. Empiezas en el modo Sensorial preguntando: "¿Cuáles son los hechos?", siendo específico y real, haciendo una lista de todos los detalles relevantes y siendo claro. Entonces pasas a Intuición "dejando que tu imaginación vuele, haciendo tormenta de ideas y considerando diversas soluciones". En el modo de pensamiento, "consideras las consecuencias de cada alternativa", también "si no estuvieras involucrado, ¿cuál sugerirías que es la causa y efecto de cada acción?". Por último, entras al modo sensorial: "¿Es algo con lo que puedes vivir? ¿Cómo te sientes respecto a la acción? ¿Qué presentimientos tienes respecto a las reacciones de otros?". Este procedimiento asegurará que no adoptes un enfoque torcido al problema y, lo que es más importante, también asegura que la solución sea aceptable para todos los Tipos de personalidad.

Typewatching también se puede emplear en resolución de conflictos, reducción de la tensión, administración del tiempo al igual que en casi cualquier otro problema o proyecto de administración. La pregunta crucial es: ¿estamos dispuestos a ponerlo a prueba?

(B) Descubre tu ser secreto

Propósito: Descubrir las características de tu personalidad y darles equilibrio con las características opuestas.
Postura: Irrelevante.
Duración: Se puede aprender en segmentos de diez minutos, pero se puede practicar en conjunción con la actividad interpersonal.

Se ha presentado una nueva estrella en el firmamento de la psicología moderna. Se le ha anunciado como la máxima clave para liberar los secretos más oscuros de la personalidad humana. Es el Eneagrama (griego para nueve puntas) una estrella de nueve puntas, cada punta representando un tipo de personalidad fundamental.

Las características de las personalidades son las siguientes:

— Uno es un perfeccionista o reformador que responde a una infancia de crítica incesante tratando de no tener errores en lo que sea que lleve a cabo. Así, adopta el papel de sus críticos y también exige perfección de los demás.

— Dos es un donador o ayudador cuyos presentes de afecto y servicio tienen la meta de hacerle ganar el reconocimiento recíproco que le faltó en sus primeros años.

— Tres es un intérprete o motivador que ganó alabanzas en la infancia por sus logros y ahora ha llegado a considerar sus logros (y los de otros), pasados y futuros, como el valor más elevado en la vida.
— Cuatro es un individualista romántico al que por lo general descuidaron en sus primeros años y ahora está buscando consolación en relaciones intensas.
— Cinco es un pensador y observador que cultiva el distanciamiento y la reducción al mínimo de las necesidades en respuesta a abandono en sus inicios.
— Seis es un temeroso leal que desconfía de los motivos de todos para compensar las manipulaciones en la infancia por parte de los mayores.
— Siete es un entusiasta y diletante que recuerda sólo eventos felices y visualiza sólo resultados felices en el futuro, en respuesta a un pasado aterrador.
— Ocho es un desafiador combativo, que tuvo que combatir a personalidades apabullantes y ahora ha concluido que la respuesta a los problemas de la vida es asumir y ejercer el poder sobre todos los demás.
— Nueve es un mediador y pacificador, que opta por la paz a menudo a cualquier precio prin-

cipalmente para él, como resultado de desaires pasados.

Como se puede ver en las descripciones precedentes, los tipos de personalidad implicados también son mecanismos de defensa con los que sus poseedores hacen frente al ambiente.

El Eneagrama ha tenido una historia accidentada. Sus inicios se pierden en las nieblas de la antigüedad. Lo rescató de las antiguas prácticas sufí afganas el ruso George Gurdjieff, un tipo de precursor del Rajneesh, que vivió en el siglo XIX. Empleó el Eneagrama para identificar lo que llamó la Característica Principal de sus discípulos y luego empleó diversas técnicas para corregir las distorsiones y deficiencias de personalidad creadas por esta característica. Pero no alentó a los discípulos a trabajar en el Eneagrama ellos mismos. En consecuencia, se olvidó en su mayor parte otra vez después de la muerte de Gurdjieff, hasta que Óscar Ichazo, psiquiatra boliviano, lo resucitó de nuevo en la década de 1960 y lo empleó para ayudar a sus pacientes para descubrir su esencia. Entre los que asistieron a sus seminarios sobre el Eneagrama estaba Claudio Naranjo, psiquiatra chileno y coautor con Robert Ornstein del libro fundamental **Sobre la psicología de la meditación**.

Naranjo llevó el Eneagrama a Estados Unidos, donde de inmediato fue adoptado y adaptado para sus propios propósitos por diversos experimentadores del New Age, en particular Helen Palmer, Don Richard Riso y Hameed Ali, todos los cuales añadieron su contribución al uso e interpretación del Eneagrama, que en esta forma se convirtió en una mezcla multicultural de conocimientos de Oriente y Occidente. Charles Tart, famoso autor de **Estados alterados de la conciencia**, que estudio con Naranjo, confesó: "El hecho de que el Eneagrama de la personalidad fuera más allá de la vida ordinaria, que discutía los valores existenciales y espirituales que se podían desarrollar si recapturábamos la energía esencial que se estaba dedicando a las defensas patológicas contra nuestra naturaleza real, fue uno de sus atractivos fundamentales. Era con claridad el más complejo y sofisticado sistema de personalidad que haya encontrado jamás. Cuando me explicaron la naturaleza de mi tipo, fue uno de los momentos más llenos de entendimiento de mi vida. Todo tipo de sucesos y reacciones enigmáticos en mi vida ahora tienen un excelente sentido retrospectivo para mí. Algo incluso más importante, pude ver la forma central en que mi enfoque hacia la vida era defectuoso y tuve un esquema general de las formas para trabajar en cambiarlo".

En la década de 1990, la escuela de Negocios de la universidad de Stanford lanzó un curso enfocado al Eneagrama titulado: **Personalidad, autoconciencia y liderazgo**. La Asociación de Administración de Calcuta organiza cursos regulares sobre el Eneagrama para ejecutivos corporativos. Son dirigidos por el hermano

Brendan MacCarthaigh, un sacerdote irlandés que lo estudió con los jesuitas. Ha diseñado el curso de manera que el participante llegue a darse cuenta de su potencial así como de sus defectos, permitiéndole "retener su centro de energía" y ayudarlo a adquirir "la habilidad para ver, sentir y responder al mundo desde la posición de las ocho personalidades". De acuerdo a un reporte en *Newsweek,* "La CIA ahora emplea el Eneagrama para ayudar a los agentes a comprender la conducta de los líderes individuales del mundo. El Servicio Postal de Estados Unidos hace poco recurrió al Eneagrama para ayudar a los empleados a resolver conflictos. El clero del Vaticano se inscribió a un seminario de Eneagrama [en 1993 y 1994], la Primera Conferencia Internacional de Eneagrama, con 1,400 participantes que llegaron a Palo Alto, California, desde lugares tan lejanos como Japón, el cual fue copatrocinado por el departamento de psiquiatría de la escuela de Medicina de Stanford".

Los diversos proponentes del Eneagrama han descubierto en esta estrella simbólica una ayuda versátil para la asesoría y el autodescubrimiento. Helen Palmer, directora del centro de Estudios de Eneagrama, cree que en la infancia temprana no se ha formado todavía la personalidad humana. Empieza a formarse como parte de la estrategia de la persona para la supervivencia. "Una vez que se forma la personalidad, la atención queda sumergida en las preocupaciones que caracterizan a nuestro tipo", escribe en **El Eneagrama**.

"Perdemos la habilidad esencial infantil de responder al mundo como es en realidad y empezamos a volvernos sensibles en forma selectiva a la información que apoya el punto de vista del mundo de nuestro tipo. Vemos lo que necesitamos ver con el fin de sobrevivir y dejamos de notar lo demás".

Palmer desarrolló una técnica de interrogar a sus sujetos que obtenía las preocupaciones centrales de su tipo. El interrogatorio también revelaba que los tipos reciben además una gran influencia de las características de sus "alas", es decir, que Uno recibe la influencia de Dos y Nueve. También descubrió que algunos tipos (Dos, Tres y Cuatro) están dominados por sus corazones o amor y compasión, otros (Cinco, Seis y Siete) por sus mentes, simbolizando intelecto y visión, y el resto (Ocho, Nueve y Uno) por sus vientres, es decir, energía y voluntad. Es posible cultivar de manera consciente nuestras características menos dominantes, aflojar el dominio de nuestro tipo y reparar el equilibrio perdido en nuestra personalidad. Tenemos que convertirnos en "observadores internos", siendo testigos de nuestros pensamientos y emociones conforme ocurren para liberarnos de las compulsiones de tipo. "La parte más difícil es ver con exactitud cuando empezamos a entrar en esas conductas automáticas características de nuestro tipo", ha dicho Palmer. "Es muy fácil saber en retrospectiva lo que hemos hecho. Es mucho más difícil ser conscientes cuando está sucediendo (observar surgir el hábito o modelo de la emoción sin reaccionar a él) o actuar al respecto".

Después de identificar nuestro tipo, de acuerdo a Palmer, el siguiente paso es convertir nuestras fijaciones en sus tipos opuestos que hemos estado reprimiendo: Los Uno tienen que aprender a transformar la ira en aceptación y serenidad, los Dos el orgullo en humildad, los Tres la mentira en verdad, los Cuatro la envidia en ecuanimidad, los Cinco la avaricia y el distanciamiento en la capacidad para las relaciones profundas, los Seis el temor en fe, los Siete la glotonería en moderación, los Ocho el control en ternura, los Nueve la pereza en acción.

"Cuando te encuentras entrando en la ira, el temor, el orgullo o la lujuria", comentó Palmer, "el primer paso es sólo ser consciente, observar lo que está sucediendo en el momento y cambiar la atención al lugar neutral en el vientre. Sigues tu respiración hacia abajo y adentro. Luego tan sólo esperas, de manera que tu energía no salga en forma reactiva y cree sus inevitables consecuencias de reacción. A lo menos, conviertes la energía negativa en un lugar neutral, que te permite ver con más facilidad el punto de vista de otro. Al final, si mantienes la neutralidad bajo presión, puede surgir una experiencia de esencia".

Don Richard Riso, director de la compañía consultora Personality Types, se interesó en el Eneagrama cuando estaba estudiando para convertirse en sacerdote jesuita en Toronto, Canadá. De acuerdo a Tony

Schwartz, autor de **Lo que en verdad importa**, e investigador de las prácticas del New Age: "La contribución clave de Riso fue elaborar un mapa muy sofisticado de los niveles de desarrollo psicológico para cada tipo de personalidad, desde la más patológica a la más saludable". Por ejemplo, en el esquema de Riso existe una dirección de integración y una dirección de desintegración para cada tipo de personalidad. La dirección de integración es de Uno a Siete a Cinco a Ocho a Dos a Cuatro a Uno, y de Nueve a Tres a Seis a Nueve. La dirección de desintegración es exactamente la inversa en cada caso. "A menudo nos vemos tentados a movernos en nuestra Dirección de Desintegración ya que los conflictos normales y neuróticos en que nos metemos nos impulsan a encontrar una solución rápida a nuestras necesidades emocionales", escribe Riso. "El proceso de integración es interminable: El Eneagrama es tan abierto en su extremo como lo es la naturaleza humana misma. Somos capaces de crecer constantemente en una espiral ascendente de autotransformación sin alcanzar nunca un punto final de perfección o de estar totalmente completo... [Éstos] son ideales que nos piden avanzar: no son estados que se puedan alcanzar jamás por completo".

Hameed Ali, un kuwaití escribiendo como A. H. Almas, cree que la sociedad moderna ha creado un ser vacío diseñado para ansiar todo lo consumible, incluyendo conocimiento, posición social, poder, *et al.* Entierra en el olvido nuestras cualidades de esencia:

amor, fortaleza, voluntad, alegría, comprensión, compasión, conciencia, claridad, verdad, valor, placer. Se pueden descubrir y recuperar haciéndonos preguntas como: ¿Qué me impide estar aquí y ahora? ¿Qué estoy experimentado ahora? ¿Qué modelo se repite una y otra vez en mi vida? ¿Quién considero que soy ahora? ¿Qué hace que necesite evitar el vacío? El Eneagrama es útil para contestar algunas de estas preguntas.

A pesar de la promesa del Eneagrama, es importante recordar que nunca se ha puesto a prueba o validado de manera científica. Mientras tanto, puede al menos servir como guía refinada para la personalidad… tan refinada como tu ingenio la pueda hacer.

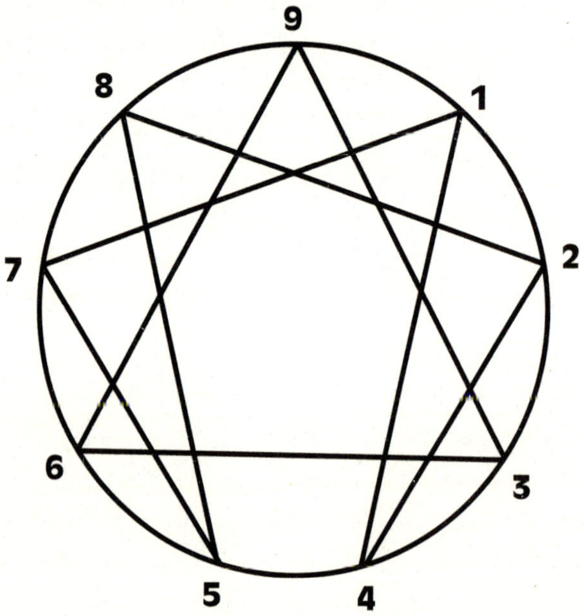

8

Domina tu tiempo

Sheela era ejecutiva de publicidad en una compañía de fabricación de ropa. También era esposa y madre. Cuando su compañía creció y se diversificó a las exportaciones, le resultó cada vez más difícil manejar su trabajo y sus actividades del hogar, a pesar de tener un sirviente, y que su marido e hijos fueran cooperativos. Se estaba poniendo tensa y pensando en su trabajo mientras estaba en casa y viceversa.

En un viaje a Estados Unidos decidió asistir a un curso de administración del tiempo que daba el doctor Dru Scott. Encontró útil el entrenamiento y le permitió llevar a cabo tres veces más trabajo de lo que hacía antes.

Aquí está lo que aprendió de su entrenamiento.

Añade tiempo útil a tu vida

Propósito: Hacer el máximo uso productivo del tiempo disponible para ti.

Postura: Irrelevante.

Duración: En conjunto con las actividades del día.

Procedimiento:

Esta administración del tiempo se basa en cuatro reglas fundamentales.

1) Está orientada a la persona, no a la actividad.
2) No se basa en reglas rígidas sino en estilos de vida.
3) Enfatiza la información al igual que la motivación.
4) Es lo bastante flexible para que sea aplicable a cualquiera.

Debes empezar cambiando algunas de tus actitudes hacia el tiempo. Si tiendes a esperar cuando tengas más tiempo para hacer un trabajo, empieza por aceptar la realidad del día de 24 horas. No puedes extender el tiempo. Pero puedes emplear este momento en forma más productiva.

No te molestes si la administración del tiempo de otra persona no funciona para ti. Descubre qué funciona para ti y adóptalo como tu técnica.

Si haces horarios y luego los pierdes, o por alguna otra razón no los puedes llevar a cabo, trata de descubrir cómo te sientes respecto a esos horarios. ¿Te los impones contra lo que piensas es mejor? ¿Hacen que te sientas incómodo? ¿Por qué? ¿Te podrías recompensar de alguna forma por seguir esos horarios? ¿Alguna alteración en ellos podría hacerlos más atractivos? Por ejemplo, intercalar el tema en tu horario con algo que te encante hacer.

Continúa probando nuevas ideas... muchas de ellas se te presentarán en este capítulo.

¿Tu vida es un lío porque otros a tu alrededor están desorganizados? No dependas de ellos. Toma la iniciativa de organizar todo tú mismo y establece algunas reglas.

Incluso si no puedes tener todo a tu manera, puedes ser capaz de organizar suficiente de tu vida para manejar mejor el tiempo de lo que lo estás haciendo en la actualidad.

Aprende técnicas para reducir las interrupciones, son grandes formas de desperdiciar el tiempo. Si piensas que la administración del tiempo es una disciplina aburrida, recuerda que el tiempo que ahorras puede tener usos emocionantes.

No esperes que alguien más te motive para ahorrar tiempo. Es el recurso más preciado que tienes y es irrecuperable cuando se pierde. No deberías necesitar ninguna otra razón para extraer el máximo beneficio de tu tiempo.

¿Eres una de esas personas que siempre llegan tarde a toda cita y función? Averigua por qué. ¿Estás buscando atención? ¿Te da una sensación de poder el que se haga todo a tu manera? ¿Estás tratando de aplazar algo que te cuesta trabajo enfrentar? ¿Es porque se ha vuelto un hábito que te resulta difícil cambiar? ¿Es porque eres adicto al trabajo y tratas de aumentar más trabajo en una hora, en lugar de concentrarte en hacer tu trabajo en forma eficiente?

Cuando comprendes cuáles son tus necesidades emocionales, puedes ser capaz de satisfacerlas en forma más legítima que al administrar mal tu tiempo.

Al principio, el cambio puede parecer difícil, hasta que descubres sus beneficios en relación a un estilo de vida mucho más gratificante.

Más consejos sobre llegar tarde del doctor Dru Scott: Prepárate para estar temprano, trabaja al revés, inyecta emoción al principio, concéntrate en la hora de salida, haz equipo con los madrugadores.

¿Eres un desperdiciador de tiempo compulsivo?

Trata de averiguar por qué. ¿Es por tu temor a hacer mal las cosas que parece preferible no hacerlas de ninguna manera? Date cuenta de lo insostenible de una actitud así. Determina qué estándares se esperan de ti y averigua cómo puedes lograrlos sin un esfuerzo excesivo. El esfuerzo excesivo implica una forma ineficiente de actuar. Observa cómo otros hacen lo mismo con más facilidad y en menos tiempo.

Haz una lista de los buenos hábitos que aprendiste en la infancia y haz una lista de los malos. Piensa cómo puedes reforzar los hábitos eficientes y cómo puedes desarticular los ineficientes. Los hábitos se establecen mediante la repetición, se desarticulan deteniéndolos. En forma consciente, adopta un nuevo hábito en lugar del antiguo, como levantarte más temprano y recompensarte en alguna forma cuando avances en esa dirección y castigándote si recaes en un viejo hábito... privándote de algo que valores.

Elabora tu propio estilo de dominio del tiempo. Tu estilo es la forma en que has diseñado tu vida. Cualquier diseño tiene cinco elementos: 1) Orden, 2) Equilibrio, 3) Contraste, 4) Unidad y 5) Armonía.

El orden en tu vida es la forma en que la has organizado. Piensa en formas para mejorarla de manera que haga todo más cómodo para ti. Si no estás cómodo con algunas de las acciones que realizas, dedica algo de tiempo a averiguar por qué. Un pequeño cambio puede tener efectos enormes. Levantarte 15 minutos antes puede asegurar un asiento en el camión al trabajo, o tiempo para descansar y pensar en la oficina antes de que te lances a trabajar. Trata de pensar qué pasaría si cambiaras la secuencia de algunas de las acciones que realizas durante el día. Puedes ahorrar tiempo y esfuerzo si haces tus compras poco después del almuerzo cerca de tu oficina, que después del trabajo en el camino a casa.

El equilibrio es lo que te proporciona una sensación de estabilidad. 1) Trata de programar actividades recurrentes a intervalos regulares, de manera que la decisión se haga de una vez y para todas las ocasiones, sin perder más tiempo todos los días para decidirlo. 2) Mantén un contacto constante con la gente importante en tu vida. Deja que sean los elementos clave de equilibrio en tu vida.

El contraste proporciona actividades opuestas alternas en tu vida: El trabajo poco usual y de rutina, el trabajo mental y físico, la actividad y el descanso, el tiempo solo y con otros, la vida familiar y la vida de trabajo.

La unidad proporciona un centro de atención para todas tus actividades. ¿Cuál es el propósito máximo de tu vida? ¿Tus actividades actuales te conducen a él? Si dispersas tus actividades sin rumbo fijo, no habrá unidad en tu vida y se desperdiciarán tus logros.

La armonía es una vida "fluida y coordinada". Puedes lograrla haciendo una lista de todo lo que estropea o desmerece esa armonía y piensa en formas de ajustarte con más comodidad en tu situación general.

Recuerda que tienes numerosas opciones de acción en cada etapa para lograr tu propio estilo de dominio del tiempo. La única restricción es tu imaginación. Cuando te detienes a pensar y a planear, te llegarán alternativas a la mente.

Libérate del uso compulsivo del tiempo

Examina tus formas habituales de hacer las cosas. ¿Son las formas más eficientes de hacer algo o de emplear tu tiempo? ¿Puedes dejar algunas de ellas sin efectos negativos para alguien? ¿*Cómo* haces algo parece más importante para ti que el *propósito* de hacerlo? Entonces tal vez seas un usuario compulsivo del tiempo que hace algo menor a un uso productivo completo de tu tiempo. Aquí están los cinco tipos importantes de uso compulsivo del tiempo: 1) Apresurarse, 2) Ser perfecto, 3) Satisfáceme, 4) Tratar con ganas y 5) Ser fuerte.

La persona de *Apresurarse siempre* está apresurada, con o sin razón. (El autor de este libro había descubierto útil hacer primero y lo más rápido posible lo desagradable, y hacer las acciones agradables con calma. Son pocas las demás decisiones que han contribuido tanto a hacer su vida agradable y productiva.) La forma de desarticular al compulsivo de *Apresurarse* es completar primero tus tareas centrales. Planea y evalúa tus actividades todos los días, en un horario regular. Sé claro respecto a lo que deseas lograr antes de determinar cómo hacerlo cuando tengas un momento libre, verifica tus tareas restantes antes de decidir cómo usarlo, cuando planees tu día asegúrate de que se cumplan tus necesidades mínimas de emoción y estimulación, establece varios plazos límite más que uno sólo final.

Si eres el tipo *Ser perfecto*, aquí está lo que deberías hacer: Limita tu perfeccionismo a los aspectos importes más que a los periféricos, maneja tus documentos sólo una vez, como regla, a menos que sea inevitable por absoluto, lee los titulares en los periódicos para determinar qué artículos leer. No sientas que es esencial leer todo el periódico sólo porque estás suscrito a él. Calcula cuánto tiempo vale la pena dedicar a cada actividad y apégate a tu marco de tiempo. Todos los días haz *algo* en forma imperfecta.

Si eres el tipo que no puede decir "no" a alguien y que, por lo tanto, caes en la categoría de *Satisfáceme*, aquí está lo que puedes hacer. Practica por adelantado decir "no" a peticiones irrazonables. Habla con otros sobre tus proyectos y objetivos, y pídeles que hagan algo por ti.

Acomoda tus prioridades para el día y señala a otros qué tienes que lograr antes de ayudar a otros. Haz algo todos los días que contribuya aunque sea un poco a los objetivos de tu vida. Haz una lista de lo que deberías hacer en cualquier momento libre inesperado de manera que otros no se metan con sus propias solicitudes.

¿Eres el tipo de *Tratar con ganas* que cree que nada se puede lograr sin mucho esfuerzo? Entonces no te estás concentrando en lograr los resultados máximos por tu esfuerzo. Primero deberías determinar los objetivos de tus actividades. Luego decide cuál es la forma más fácil y sin esfuerzo de lograrlos. ¿Cuál es el tiempo mínimo en que puedes hacerlos? Deja las porciones más grandes de tu tiempo para proyectos grandes. Divide esos proyectos en unidades más pequeñas y desafíate a completarlas en el tiempo más corto posible. Emplea dispositivos para ahorrar tiempo y trabajo para que se haga tu trabajo más rápido: calculadores, dictáfonos, PC, equipo de cocina, aspiradoras, etc.

Los tipos de *Ser fuerte* tratan de hacer todo ellos mismos. Aquí está lo que deben hacer: Deben recompensarse por delegar trabajo y lograr que se haga. Deben asignar tiempo para el descanso y la relajación, además de programar su trabajo. No deben establecer fechas límite irreales para ellos y para otros. Los que dejan todo para después deben examinar sus sentimientos respecto a evitar el trabajo.

Cómo organizarse

Haz una Tabla de Demandas e Interrupciones mientras tienen lugar, para determinar quién desperdicia tu tiempo.

Determina quién, cuándo, por qué y cómo pueden evitarse. Pon en orden tus prioridades y mantén simple tu sistema para lograrlas. Si alguien quiere algo de tu tiempo considera si alguien más puede cumplirlo mejor que tú. De ser así, dirige la solicitud a esa persona.

Determina tus objetivos

Asegúrate de saber qué deseas: escribe un Inventario de Necesidades a menudo. Decide en tu vida objetivos a largo plazo y tu estilo de vida. Haz tus objetivos a corto plazo teniendo en mente los de amplio campo. Trabaja con una escala de tiempo, planeando hacia atrás desde tu meta final. Escoge primero tus objetivos, luego tus actividades. Haz algo todos los días que contribuya a los objetivos y estilo de vida.

Cuando estás sobrecargado, divide tu trabajo en tres tipos de prioridades: 1) Preocupaciones Centrales y Esenciales, 2) Asuntos Secundarios, 3) Asuntos Marginales. Trata de evitar o reducir drásticamente los consumidores de tiempo marginales. Los Asuntos Secundarios necesitan hacerse pero no recompenses tus esfuerzos en forma proporcional. Trata de encontrar formas más eficientes y menos consumidoras de tiempo para hacerlos. ¿En qué medida tus actividades contribuyen a los objetivos de tu vida? Eso te dirá cuánto tiempo gastas en aspectos no esenciales. Las preocupaciones centrales son las que más valoras y deseas hacer en tu vida. Los aspectos esenciales son los que no puedes dejar sin hacer.

"Siempre apunta las actividades esenciales a las preocupaciones centrales", aconseja el doctor Scott. Si no estás seguro que algo sea una actividad esencial, pregúntate: "¿Qué está contribuyendo esto? ¿Qué sucedería si no lo hago?". "*Saber* que es central y esencial para ti es el primer paso para asignar prioridades. Hacer lo *central* y esencial *primero* es la forma más rápida de poner más tiempo en tu vida. *Siempre* merecen la primera prioridad. Es muy poco lo que vale la pena de hacer *a la perfección*. Define cuáles son en tu vida. Invierte el tiempo que necesites hacer *ésos* a la perfección", enfatiza el doctor Scott.

Toma de decisiones: La toma de decisiones eficiente hace un uso efectivo del tiempo al evitar volver sobre el mismo proceso una vez más y lograr la decisión correcta la primera vez. Cuando has tomado una decisión importante sigue esta secuencia:

1) Ten tus objetivos claros en la mente.
2) ¿Qué alternativas tienes para lograr tus objetivos? Haz una lista de tantas como puedas, luego examínalas respecto a su efectividad relativa para lograr tu objetivo.
3) Sigue la Técnica de Fecha Límite con sus cinco fases: a) Clasifica los objetivos con una fecha firme, b) Ponte una fecha límite para presentar todas las alternativas disponibles, c) Determina la fecha para tomar tu decisión, luego decide basado en el mérito relativo de las alternativas, d) Fija una fecha para poner en vigor la decisión. Decídelo y e) Establece una fecha para evaluar la decisión respecto a la efectividad.

Evalúa el programa revisando tu horario de fecha límite para mejorar en el futuro tu técnica.

Técnica para el éxito cotidiano

El doctor Scott ofrece la siguiente rutina diaria:

1) Haz primero tus prioridades centrales y esenciales.
2) Agrupa las actividades relacionadas.
3) Divide los trabajos grandes en pasos funcionales.
4) Emplea un horario.
5) Concéntrate en hacer algo por vez.

6) Termina el trabajo por completo.
7) Hazlo ahora.

Conquista el dejar todo para después

La receta del doctor Scott es: "Elabora fuentes positivas de estimulación y emoción que mantendrán tu cuota en el nivel que es consistentemente el mejor para ti". Cuando tienes una tarea aburrida que preferirías no hacer, prométete que en cuanto la completes, te recompensarás con una actividad placentera que anheles hacer. Así es como "sustituyes estimulación positiva por negativa".

"Identifica las necesidades insatisfechas de tu primera infancia y ponlas a trabajar como motivadores en la actualidad".

"Haz que las preocupaciones centrales y los aspectos esenciales sean atractivos y tentadores para ti".

"Emplea repetición, reforzamiento y recompensas para mantenerte moviendo en la dirección que deseas".

"Para rápido alivio", escribe el doctor Scott, "limpia tu mente, actualiza tus deseos, añade tus refuerzos y recompensas y hazlo como sea".

A principios de la década de 1960, el señor C. Northcote Parkinson publicó un libro que lo impulsó a la fama instantánea. En él revelaba su descubrimiento de una nueva ley en la conducta personal que desde entonces ha alcanzado un nivel de celebridad igual al de la ley de la gravitación de Newton o la teoría de la relatividad de Einstein en la física.

La ley de Parkinson afirma que el trabajo se expande de manera que llena todo el tiempo disponible para su terminación. La ley actúa de esta forma: Vamos a decir que tienes que escribir una tarjeta a un amigo y que tienes todo un día para escribirla. En ese caso, escribir la tarjeta se extenderá para llenar el día completo. Primero es probable que vayas a la oficina de correos a comprar una tarjeta postal. Si ya tienes una, es probable que decidas que está un poco descolorida y que en cualquier caso necesitarás algunas tarjetas postales más pronto y que bien podrías comprarlas ahora. Después te sentarás a hacer un borrador de lo que quieres escribir. Antes de que empieces en realidad el borrador, podrías afilar todos tus lápices y abrir tu pluma para revisar el repuesto. Sólo está lleno a la tercera parte; así que te vistes de nuevo y sales a comprar un repuesto nuevo ya que no te gustaría que se secara a mitad de lo que escribas. Para el momento en que vuelves de la papelería por la ruta menos directa, ya ha pasado medio día.

En la tarde tomas una siesta, te levantas de malas y arruinas varios borradores. Conforme avanza la tarde, entras en pánico. La tarjeta postal se debe ir hoy. Descartas todos los borradores y escribes el mensaje a tu amigo directamente en la tarjeta, escribes la dirección y sales de vuelta a la oficina postal. Cae la noche para cuando completas la tarea.

Los detalles de cómo funciona la ley de Parkinson diferirán de tarea en tarea y de persona en persona. Pero la ley esencial se aplica a todos. Así, sucede que el hombre más ocupado siempre termina teniendo más tiempo a su disposición que el hombre ocioso. En términos de horas y minutos, el tiempo del hombre ocupado está racionado, pero es este racionamiento lo que hace valorarlo y llenar todo segundo con tareas esenciales, descartando hábitos derrochadores. Tiene poco tiempo para holgazanear e ir de visita; menos tiempo para chismes y rumores y nada de tiempo para comenzar tarde, retirarse temprano y ausentismo. Es muy consciente de que el trabajo deficiente, la comunicación deficiente y la falta de atención a los detalles es algo costoso para cualquiera que valore su tiempo. Los evita como a la peste.

La administración del tiempo llega como algo natural para algunas personas y otras lo tienen que aprender en forma consciente y cuidadosa. En cualquier caso, los mejores resultados, el mayor ahorro de tiempo requieren entrenamiento, justo como requiere entrenamiento convertirse en un gran deportista, con los movimientos del cuerpo bien coordinados y bien acompasados.

Un paso demasiado rápido destruye la eficiencia con la misma seguridad que un paso demasiado lento. Los seres humanos tienden a cometer errores y la velocidad excesiva los multiplica, requiriendo repetición de tareas llevadas a cabo al azar o con apresuramiento.

Sin embargo, un grado de planeación puede combinar velocidad con eficiencia. Primero debes establecer tus prioridades: cuáles son las tareas más urgentes y cuáles las menos. Eso determinará la secuencia en que debes completar las tareas. Pero algunas tareas son más complicadas y consumidoras de tiempo que otras, incluso cuando son las menos urgentes. Pueden implicar diversas personas aparte de ti. Tales tareas se deben comenzar antes y se les debe dar más tiempo para madurar en los escritorios de otras personas si se van a completar a tiempo.

Una programación así no siempre es fácil. La forma más efectiva de abordarla es examinar tu día de trabajo con regularidad al terminarlo, con el beneficio de verlo en retrospectiva, recorrerlo en tu mente como una película y acortar su longitud tanto como sea posible, eliminando las actividades no esenciales, las repeticiones, las interrupciones y las intrusiones en tu tiempo. Una práctica diaria con esta técnica te convertirá en un experto en ahorrar tiempo, dejando numerosos huecos que hasta el momento estaban desperdiciados, que se pueden emplear con provecho.

Además de organizar tu trabajo, organízate tú, tanto en lo físico como en lo psicológico. La mala salud puede causar fatiga y notarse en tu desempeño. Hazte una revisión médica. Un simple cambio de dieta, una hora extra de sueño, podrían mantenerte en mejor forma de lo que estás acostumbrado.

Podrías encontrar algunas tareas aburridas, rutinarias y pesadas. El aburrimiento también se nota en la eficiencia. Intercala los trabajos aburridos con los interesantes; trata de hacer todo trabajo interesante examinándolo desde un ángulo nuevo. Trata de hacer los trabajos rutinarios más rápido cada vez, tomándoles el tiempo todos los días, tratando de romper el récord del día anterior. Asegúrate de que la calidad del trabajo no sufra y pronto estarás empezando a disfrutarlo como lo harías con un evento deportivo.

Louis B. Lundborg, expresidente del Bank of America, escribe en un artículo sobre **Manejar para el mañana**: "El hombre que sabe manejar su propio tiempo por lo general también sabrá la importancia de que organice el tiempo en otro sentido… lo que llamamos coordinación o tempo.

"Literalmente es un principio de la naturaleza, creo, que entre más logra un hombre en un día, más expande su capacidad para hacer una cantidad todavía mayor. El trabajo parece alimentarse a sí mismo…. Completar un trabajo duro parece hacer de alguna manera más fácil el siguiente, etc. Por otro lado, si protestas por una tarea, la dejas para después, te preocupas y tienes ansiedad al respecto, y tratas de hacer de todo, excepto terminarlo, de alguna manera se disipa tu habilidad para lograr que algo más se lleve a cabo".

Aquí está otro bocado de consejo experto: "La mejor manera de 'hacer tiempo' es derrotar las fechas límite, estar al frente en el juego todo el tiempo. Completar trabajos lo más pronto posible... sin importar las fechas límite. Al hacerlo mantienes los puertos limpios para asignaciones no previstas. El resultado: nunca estás 'demasiado ocupado'.

"Necesitarás emplear el tiempo de viaje para pensar, leer, tener ideas, tomar notas. En las horas, pon los minutos a trabajar. En tres minutos se puede hacer una llamada telefónica o se puede dictar una nota breve. En cinco minutos, se puede revisar un periódico o revista. En treinta segundos puedes tomar o conseguir una decisión".

También Peter Drucker ha hablado extensamente sobre la manera tan efectiva en que los ejecutivos usan su tiempo. Escribe: "La efectividad es en esencia una práctica y, como todas las prácticas, es increíblemente simple. No existe una práctica que un niño de nueve años no pueda comprender pero toda práctica es muy difícil de adquirir ya que la única manera de adquirirla es mediante la práctica continua hasta que se vuelva automática".

El uso efectivo del tiempo debe comenzar por determinar a dónde va nuestro tiempo llevando una tabla de tiempo. La mayoría de nosotros descubre que la mayor parte de nuestro tiempo se pierde cuando se intercala una actividad dada con varias otras.

Los ejecutivos efectivos, dice Drucker, "hacen algo primero y nada de algo más". Tienen subordinados que vigilan lo que tiene segunda y tercera prioridad y que se les debería delegar. El criterio para determinar la primera prioridad es su contribución a la organización. "El ejecutivo que ha tenido éxito en un empleo nuevo se ha preguntado: '¿Qué puedo contribuir ahora?'. Y ha presentado una nueva dimensión, algo que ni siquiera se mencionaba en la descripción de su puesto".

Al delegar el trabajo que no necesita hacer él, el ejecutivo ahorra tiempo y contribuye a la efectividad si aumenta la fuerza y competencia de los subordinados. "Es trabajo del administrador permitir a la gente hacer lo que puede hacer", afirma Drucker.

Como ayuda para ahorrar tiempo, podrías comenzar un pasatiempo instructivo tratando de descubrir cómo los hombres y mujeres famosos han acumulado su preciado tiempo. Mahatma Gandhi empleaba sus viajes en tren, en compartimientos de tercera clase, para escribir cartas y artículos. Abraham Lincoln escribía sus discursos, notas y todas las demás ideas sobre asuntos presidenciales conforme se le ocurrían en pedazos de papel y los guardaba en su sombrero de copa para consultarlos más tarde. John F. Kennedy estudió lectura de velocidad, técnica que le permitía avanzar con rapidez por periódicos, libros y memorándums a la muy alta velocidad de 1,500 palabras por minuto, que es alrededor de cinco veces la velocidad promedio de un buen lector. Sus visitantes lo observaban llenos de fascinación mientras leía periódicos y al mismo tiempo sostenía una conversación telefónica con un Senador locuaz.

El estudio de cómo la gente organiza el tiempo en su trabajo ha crecido a ser un tema respetable y complejo de administración. Se ha grabado película de ejecutivos y empleados en el trabajo como parte de estudios de tiempo y movimiento diseñados para fomentar la eficiencia. Las soluciones recomendadas han ido de pintar las habitaciones de trabajo con colores frescos en lugar de cálidos, a tocar música instrumental ambiental en ellas. La mayoría de estas medidas es controvertida. Lo que no es controvertido es que ahorrar tiempo es un arte que vale la pena dominar y se te recompensará en la medida en que lo domines.

9

Lee más rápido, aprende mejor, absorbe más

Sunil estaba sacando un título en Comercio. Aunque era inteligente, su lectura era lenta y le tomaba mucho tiempo absorber lo que leía. Su padre, que trabajaba para una compañía multinacional, le habló un día de un curso de una semana de lectura de velocidad que su compañía estaba dirigiendo para las familias de los empleados, como parte de su amplio programa de bienestar. ¿Le gustaría a Sunil asistir? Le gustó y lo hizo. En una semana, su velocidad de lectura se había más que triplicado y se multiplicó su comprensión. Sus calificaciones de Comercio se elevaron mucho y aprobó con honores. Procedió a hacer su maestría en mercadotecnia, después de lo cual encontró trabajo en una compañía de mercadotecnia de productos para el consumidor como líder de equipo de un grupo de productos. Diseñó su propio sistema de entrenamiento para su grupo, incorporando técnicas de aprendizaje más rápido y mejor comprensión que había perfeccionado durante los años en que tomó su curso de una semana. La popularidad de su curso al final lo impulsó a diseñar un nuevo curso para diversos públicos, basado en sus requisitos, y lanzarlo por su cuenta.

Las técnicas de Sunil se extrajeron de las metodologías famosas en todo el mundo diseñadas por Evelyn Wood, que enseñó a celebridades como Charlton Heston, el deportista Joe Namath e Indira Gandhi, Tony Buzan, que dirigió un programa de televisión de la BBC y diversos innovadores más.

Aquí está lo esencial del paquete de curso:

Lectura de alto desempeño

Propósito: Permitirte leer mejor, comprender textos difíciles, recordar lo que leíste y usar lo que comprendiste en exámenes o cualquier otro propósito.

Duración: En segmentos de 10 minutos por tanto tiempo como encuentres necesario.

Procedimiento

1) El hábito de lectura promedio es de alrededor de 250 palabras por minuto. Cualquiera que lea a esta velocidad puede multiplicarlo de 1,500 a 2,500 palabras por minuto, con el correspondiente aumento en comprensión. No se trata de lectura superficial sino de lectura real para comprensión completa de la información y las ideas contenidas en el texto. Las principales razones de que leamos con mayor lentitud de lo que debemos es que leemos palabra

por palabra, en lugar de oración tras oración, nos devolvemos a las mismas palabras varias veces mientras procedemos, subvocalizamos, es decir, movemos las cuerdas bucales mientras leemos, en lugar de leer en verdad en silencio.

Todos estos hábitos se pueden cambiar con una técnica simple. Pasa el índice bajo la línea mientras la lees. Puedes resistirte a este procedimiento, ya que como niño es posible que se te enseñara a no hacerlo. Pero la investigación moderna muestra que es la mejor manera de aumentar tu velocidad de lectura.

2) Antes de que practiques la nueva técnica, averigua tu velocidad de lectura actual. Elige uno de los capítulos de este libro que no hayas leído hasta el momento. Toma el tiempo y lee unos cuantos párrafos. Apunta el tiempo que tomó. Cuenta el número de palabras en una línea y el número de líneas que has leído. Emplea esta fórmula para obtener tu velocidad de lectura: palabras por minuto = número de líneas leídas X número promedio de palabras por línea dividido por el número de minutos que tomó leer esas líneas.
3) Practica pasar tu dedo, sin leer, bajo las líneas del capítulo tan rápido como puedas. Hazlo para el capítulo completo.
4) En lugar de tu dedo, trata de pasar un lápiz bajo las líneas. ¿Es más cómodo? Si es así, úsalo. De otra manera, usa tu dedo. Que no te engañe la ilusión

de que pasar tu dedo bajo las líneas hará que leas más lento. La mayoría de las personas cree que leen más rápido de lo que en realidad lo hace.

5) Ahora toma tu tiempo de nuevo y lee los párrafos siguientes pasando el dedo o el lápiz bajo las líneas. No te molestes en comprender sino que trata de entender el significado de grupos completos de palabras, oraciones o líneas. Verifica tu velocidad.
6) Practica todos los días por 5 a 10 minutos por vez, al menos una o dos veces al día.
7) Trata de comprender más de una línea por vez. A veces la idea completa de un párrafo está en la primera oración. Las oraciones posteriores son sólo una explicación de esa idea, que es posible que ya hayas entendido.
8) Trata de leer un párrafo completo a la vez conforme pasas el dedo diagonalmente de la parte superior izquierda a la parte inferior derecha del párrafo. La alta velocidad te obliga a concentrarte y aumenta tu comprensión. Pero te cansa menos, ya que se evitan los movimientos innecesarios de los ojos.
9) Practica girar las páginas de un capítulo a la velocidad de 2 segundos por página, pasando tus ojos con rapidez hacia abajo en la hoja.
10) Lee tan rápido como puedas sin molestarte en la comprensión por un minuto.

11) (a) Lee tan rápido como puedas con un ojo para comprensión, tratando de captar tanto como puedas sin perder velocidad. Verifica tu velocidad.
    (b) Continúa leyendo. Trata de leer 100 palabras por minuto más rápido que en (a) por un minuto.
    (c) Continúa leyendo. Trata de leer 100 palabras por minuto más rápido que en (b) por un minuto.
    (d) Continúa aumentando tu velocidad en esta forma por cada minuto siguiente.
12) Verifica tu velocidad para un capítulo completo.
13) Toma un libro fácil en que estés interesado. Empieza en la parte superior de un capítulo. Imagina que estás leyendo a la velocidad de 2,000 palabras por minuto. ¿Dónde llegarías al terminar 5 minutos? Marca el lugar. Lee la porción *al menos* a 2,000 palabras por minuto. Vuelve a leer la porción en 4 minutos. Vuelve a leerla en 3 minutos y luego en 2 minutos. Sigue leyendo desde la marca por cinco minutos por máxima comprensión, a tu velocidad máxima. Verifica tu velocidad.
14) Practica leer 2,000 palabras por minuto por cinco minutos por vez pasando las hojas tan rápido como puedas empleando tu dedo diagonalmente hacia debajo de la página. Verifica tu comprensión. ¿Qué se expresa en los párrafos que has leído? Practica con la mayor frecuencia que puedas.

Haz una tabla de tu velocidad de lectura y grafica tu velocidad en ella día tras día, semana tras semana.

Cómo Aumentar la Comprensión

1) Trata de captar la idea del párrafo completo mientras lees a velocidad, de un vistazo. No reduzcas la velocidad. Emplea el dedo en diagonal.
2) Determina qué deseas obtener de lo que estás leyendo. Si necesitas sólo las ideas generales, puedes leer muy rápido. Si alguna idea no te es conocida y necesita explicación, vuelve a leer el párrafo para buscar argumentos de apoyo.
3) Utiliza la lectura de velocidad para mejorar tu vocabulario. Es posible que no conozcas una palabra en un párrafo. Pero mientras lees a velocidad captas el significado del grupo de oraciones y el significado de la palabra a menudo quedará claro sin necesitar revisar el diccionario, por su contexto.

Cómo mejorar la memoria

Cuando hayas leído a velocidad un capítulo, escribe su idea principal en dos o tres palabras. Por ejemplo, la principal idea de este capítulo es "Multiplica la velocidad de lectura, la comprensión y el recuerdo". Luego escribe: Quién, Qué, Por qué, Cuándo, Dónde, Cómo y trata de responder estas preguntas en resúmenes de una palabra y traza el capítulo como un mapa.

IDEA PRINCIPAL

(Mejoramiento de lectura, comprensión y memoria)

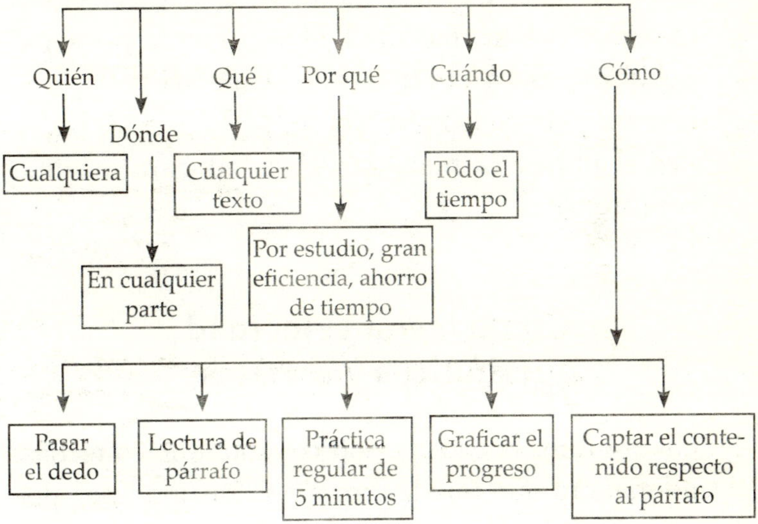

Este mapa de la idea central y los detalles que la acompañan serán tu patrón de memoria para activar tu memoria cuando vuelvas a él.

Haz fácil la lectura difícil

1) Haz una revisión previa del texto. Lee el contenido, la contraportada, la nota publicitaria en la tapa, la introducción. Determina qué deseas obtener del texto. ¿Los capítulos tienen un resumen? Lee el primero y el último párrafo de cada capítulo. ¿Se resume el libro al final? Examina las tablas y los

diagramas. Al leerlos tendrás una idea apropiada de qué trata y qué tanto necesitas de él.

2) Lee con rapidez el libro varias veces a tu velocidad máxima. A esta velocidad, el argumento principal del libro pasará a tu mente sin esfuerzo.
3) Haz un patrón de memoria.
4) Lee el libro a la máxima velocidad para máxima comprensión.

Cómo leer a velocidad periódicos y revistas

1) Las columnas de los periódicos son muy estrechas, de manera que puedes comprender una línea por vez, sin dificultad.
2) En los reportajes de periódico las ideas principales aparecen primero en los titulares, luego en los primeros párrafos y los detalles en los siguientes párrafos. Los detalles menos importantes quedan en los últimos párrafos.
3) Conforme avanzas, puedes decidir qué tan lejos deseas leer para extraer la información que deseas, de manera que en unos cuantos segundos puedas leer todo el artículo con total comprensión.
4) Los artículos de revista son diferentes en alguna forma. Aquí emplea la secuencia de patrón de revi-

sión previa-lectura-recuerdo para extraer la máxima utilidad de un artículo de revista. Es decir, lee el primer párrafo, el último párrafo, los subtítulos, si tiene; lee a velocidad varias veces a tu máxima velocidad, luego lee a velocidad con el dedo moviéndose en diagonal hacia abajo a través de cada párrafo y por último escribe la idea principal con sus detalles que la acompañan en forma de mapa a lo que hemos llamado patrón de memoria.

Cómo estudiar mejor

1) Haz una revisión previa del texto.
2) Analiza la estructura.
3) Lectura de velocidad a hipermáxima velocidad.
4) Escribe un patrón de memoria.
5) Revísalo con tanto detalle como puedas, añadiendo el patrón de memoria.
6) Revisa tu patrón de memoria y sopésalo, considerando con cuidado sus implicaciones.
7) Vuelve a leer, ajustando tu velocidad al tema, para máxima comprensión.
8) Continúa añadiendo tu patrón de memoria y reflexiona en los temas.
9) Recuerda, sin mirar, el patrón de memoria, reconstruyendo la información que has estado absorbiendo.

Cómo extraer el máximo de las conferencias

1) Preescucha en lugar de tener una lectura previa. Es decir, averigua lo que puedas sobre el conferenciante y sus ideas en el tema antes de que asistas a la conferencia, si es posible.
2) Escucha las ideas, más que las palabras. Escribe tu patrón de memoria conforme avanzas.
3) Integra tu experiencia reflexionando sobre la conferencia, hablando con otros oyentes y añadiéndolo al patrón de memoria.
4) Revisa a menudo el patrón de memoria, unos cuantos minutos, para memoria permanente.

Cómo destacar en los exámenes

¿Alguna vez te has preguntado por qué a estudiantes menos inteligentes y estudiosos les va mejor que a ti en los exámenes? ¿Alguna vez te has sentido frustrado por tu falta de concentración? ¿Frustrado por la cantidad de tiempo que te toma memorizar conceptos, fórmulas, hechos, fechas? ¿Crees que te va menos bien de lo que debieras en tus estudios?

Aquí presentamos diversas técnicas psicológicas descubiertas por la investigación reciente que deberían permitirte obtener los mejores resultados de tus estudios. También deberían hacer que tus estudios sean más agradables, eficientes y productivos.

La mayoría de los exámenes son pruebas de cuánto material has asimilado y cuánto puedes recordar y expresar en un tiempo determinado. Por lo tanto, son en su mayor parte pruebas de memoria. La memoria no está relacionada directamente con la inteligencia. El éxito en recordar material de estudio o lo que sea depende del interés, la atención y la persistencia, además de la inteligencia. Para comprender bajo qué condiciones recuerdas mejor, es útil comprender qué te hace olvidar. Existen cinco causas principales del olvido:

Uno: Cuando algo tiene una impresión débil en tu mente, tiendes a olvidarlo. Esto puede deberse a que no estás lo bastante atento o interesado, o que demasiadas distracciones o preocupaciones llenan tu mente al mismo tiempo.

Dos: Puedes olvidar algo cuando no vuelve a tu atención reiteradamente. Como el nombre de alguien al que te presentan pero que no tienes ocasión de ver de nuevo.

Tres: Cuando demasiadas experiencias llenan la mente al mismo tiempo, interfieren entre sí y tiendes a olvidarlas.

Cuatro: A veces olvidas algo cuando tu mente inconsciente desea olvidarlo, incluso si tu mente consciente desea recordarlo. Por ejemplo, cuando estás estudiando contra tu voluntad, estudias sólo porque estás bajo la compulsión de hacerlo, mientras que en realidad estás más interesado en algún otro tema o actividad.

Cinco: Cuando el funcionamiento del cerebro es afectado por drogas, alcohol, choque o edad avanzada, experimentas pérdida de la memoria.

Puedes contrarrestar las primeras cuatro causas del olvido empleando las siguientes técnicas. La primera causa, una impresión débil en tu mente de lo que sea estás estudiando, es, de hecho, falta de concentración. Entre más concentración pongas en tus estudios, más fuerte es la impresión que crea en tu mente y mayor el tiempo en que recuerdes el material. La falta de concentración es causada por el hábito de fantasear, falta de interés en el tema, muy poca o demasiada tensión muscular, preocupaciones o conflictos emocionales, que te distraen de lo que estás haciendo.

Para formar y fortalecer el hábito de la concentración deberías:

1) Devolver tu atención cuando vague del tema.
2) Fortalecer tu interés en el tema mediante cuidadosas sugerencias a tu mente cuando tu cuerpo está relajado. Esto se puede hacer todas las mañanas en cuanto te levantes.

Siéntate en una silla o recuéstate en la cama con comodidad, haz tres inspiraciones profundas y relaja todos los músculos en forma progresiva de la cabeza a los pies, luego cuenta hacia atrás de 100 a 1 con los ojos cerrados. Si pierdes la cuenta en algún punto, empieza de nuevo en alguna parte y continúa. Para el momento en que llegues a *uno*, deberías estar bien relajado y tu mente debería estar abierta a sugestiones. Ahora te dices que todos los días aumentará tu interés en el tema y eso te ayudará a mejorar los resultados y lograr una carrera brillante.

3) Tensa los músculos un poco, pero no demasiado, mientras trabajas.
4) Trata de encontrar una solución a los problemas emocionales que te aquejan, buscando consejo de padres o maestros atentos. Muchos maestros estarán felices y dispuestos a escucharte con comprensión y ofrecerte consejo. La mayor parte de las personas se sentirá halagada cuando te acerques a pedir consejo y tus maestros no son la excepción. Pero asegúrate de que el consejo sea apropiado a tus necesidades.

Para resolver la segunda causa de olvidar, la falta de que se renueven las impresiones en el cerebro, aquí están algunas sugerencias prácticas que te ayudarán a refrescar tu memoria respecto a lo que has estado estudiando.

1) Trata de primero comprender lo que estás repitiendo.
2) Repite la lección por unos minutos al día, todos los días, más que durante un periodo más largo y sólo una o dos veces por semana. La frecuencia mejora la memoria.

3) No sólo leas y vuelvas a leer. Lee primero, después cierra el libro y trata de repetir en voz alta y de memoria lo que leíste primero.
4) No repitas algo hasta que lo sepas bien. Repetir lo que no se ha dominado por completo es menos efectivo en fijarlo en tu mente.
5) No separes tu material en pedazos demasiado pequeños mientras lo aprendes. Aprende la lección completa sin parar, sea un experimento de física, una reacción de química, la descripción de una batalla o un periodo de la historia.
6) Mejora tu confianza de recordar lo que repites haciendo el ejercicio de contar de 100 a 1 y darte la sugestión, cuando estés relajado, de que tu confianza y memoria están mejorando.
7) Ten un lugar fijo para estudiar todos los días, si es posible.
8) La investigación muestra que recuerdas mejor una tarea sin completar que una completa si no tienes mucho interés en el tema. Si ése es tu problema, deja la repetición un poco antes de que llegues al final del tema y abórdalo la siguiente vez. Pero si estás muy interesado en el tema, en lugar de sólo dominarlo porque es parte de tu plan de estudios, entonces completa esa porción que estás estudiando antes de cambiar a otro tema o materia.
9) Ve si puedes arreglar un contraste entre lo que estás estudiando y el lugar en que lo estás estudiando. Si es interesante lo que estás estudiando, tu lugar de

estudio debe ser aburrido. Si lo que estás estudiando es poco interesante, el lugar debe ser brillante, pero no distraer la atención. El contraste ayuda a recordar.

Es posible que no puedas seguir todas estas sugerencias que te hemos dado, pero cada una te ayudará un poco a mejorar tu desempeño.

La tercera razón de que olvides es porque otras experiencias interfieren con lo que estás tratando de aprender.

Aquí están algunas sugerencias prácticas para ayudarte a manejar las interferencias y las distracciones antes o después de tus estudios.

1) Recordarás más si te vas a dormir en la noche inmediatamente después de tu estudio. No participes en un juego de cartas, veas televisión ni te dediques a una conversación después de cenar entre tus estudios e ir a dormir.
2) Revisa lo que estudiaste en la noche en cuanto te levantes, antes de que otras actividades borren su impresión en tu mente.
3) Incluso si no puedes irte a dormir al terminar tus estudios en la noche, no te dediques a trabajo mental de un tipo similar, como leer un libro o una revista.
4) Si una técnica de aprendizaje debe seguir a otra, escoge una forma diferente. Como matemáticas o dibujo después de historia.

5) Toma un breve descanso antes de dedicarte a una actividad mental similar, incluso si no está conectada con tus estudios.
6) Encuentra tantos temas diferentes como puedas para alternar unos con otros cuando estudies.

La cuarta razón para olvidar, es la alteración emocional que causa que la mente inconsciente reprima el recuerdo. Esto puede no suceder a menudo, pero cuando sucede, se pueden emplear varias técnicas para recordar una memoria olvidada.

1) Puede volver por sí misma después de un tiempo.
2) Recita el alfabeto. Una letra asociada con el recuerdo podría activarlo de vuelta.
3) Si has olvidado un número o fecha, repite con lentitud todos los dígitos de 0 a 9 hasta que encuentres el primer dígito del número olvidado, que podría activar que lo recuerdes.
4) Trata de interpretar un sueño que hayas tenido la noche anterior relacionándola con el recuerdo reprimido.
5) Podría recordarte la memoria algo que suceda durante el día.
6) No decidas nada hasta el día siguiente. Es posible que lo recuerdes cuando te despiertes.
7) Imagínate repitiendo la situación cuyos detalles estás tratando de recordar.
8) Escribe cualquier pensamiento que se te ocurra libremente hasta que vuelva el recuerdo.

9) Trata de pensar en una idea asociada con lo que has olvidado.

La sugerencia que te proporcionamos al último puede no ser útil en estudios cotidianos, sino sólo cuando alguna conmoción ha causado el olvido.

Ahora llegamos a prepararte en forma específica para tus exámenes.

Primero: Produce un intenso *interés* en tu tema hablando con estudiantes que muestren un interés así. Este interés puede ser contagioso. Pregunta a tus maestros en la materia por qué escogieron ese tema como carrera. Sus recuerdos pueden despertar un mayor interés en ti.

Segundo: Toma *notas* de lo que leíste de las conferencias y de lo que el maestro enseña en clase. Escribe un resumen en párrafos continuos o dibuja un esbozo, numerando cada punto y subpunto, de lo que estás estudiando.

Tercero: Cuando prepares tus notas, asegúrate de que comprendes el tema. Aclara cualquier dificultad con tus compañeros o con los maestros. Estudia poco a poco pero con frecuencia.

Cuarto: No sólo leas y vuelvas a leer. Lee, cierra el libro y trata de recordar lo que acabas de leer. Emplea la fórmula de P a U. Consta de los siguientes pasos:

P: Haz una lectura previa del tema y logra una idea amplia de qué vas a estudiar.

Q: Hazte preguntas sobre los temas que debería contestar tu lectura. Es decir, formula preguntas cuyas respuestas estén contenidas en tu material.

R: Lee y trata de comprender.

S: Resume el material.

T: Ponte a prueba para saber qué tan bien lo has aprendido.

U: Emplea lo que ya has aprendido, ya sea escribiéndolo de memoria o aplicándolo a problemas.

Cuando estudies algo, no te detengas en cuanto pienses que lo sabes. Continúa por algún tiempo más hasta que lo tengas en la punta de la lengua.

Haz una revisión en cuanto sea posible después del aprendizaje de tu material.

Cuando estudies, siéntate en una posición que no sea demasiado cómoda ni demasiado incómoda. No estudies con el estómago demasiado lleno o vacío.

Practica contestar preguntas de exámenes previos. Haz una revisión no sólo cuando se aproximan tus exámenes sino también a intervalos regulares.

Enfrenta el cuestionario con calma y confianza. Léelo con cuidado. Averigua qué desea el examinador saber de tu respuesta, luego escribe tu respuesta en forma metódica, clara y limpia. Vigila el reloj, dividiendo el tiempo entre el número de preguntas. Deja algún tiempo para al final repasar tus respuestas una vez.

Para responder a preguntas de tipo de ensayo, debes tener un resumen de los temas en tu cabeza de manera que no te falte nada importante. Escribe tu respuesta en secuencia lógica. No emplees palabras vacías innecesariamente para expresar las ideas que estás poniendo en papel. Sé conciso al expresar tus ideas, ilustrándolas con ejemplos siempre que sea posible. Si se te acaba el tiempo, escribe el resumen de las ideas restantes, luego pasa a la siguiente pregunta.

Distingue entre los diversos términos que favorecen los examinadores, como comentarios, discutir, analizar, examinar, enumerar, explicar, definir, etc., y adapta tu respuesta a los requisitos del examinador.

Emplea una gramática, ortografía y puntuación correctas. Si no estás seguro de la ortografía de una palabra, cámbiala por un sinónimo o frase que tenga el mismo significado.

Sé cuidadoso en especial con los párrafos del inicio y final de tu respuesta.

Trata de usar una parte del cuestionario para ayudarte a contestar otra parte. Por ejemplo, cuando respondas una pregunta puede llegarte con claridad más material. Trata de averiguar si hay alguna otra pregunta en el cuestionario en que puedas utilizar el material que has pensado.

Conoce bien tu tema y prepárate para lo que sea.

Asegúrate de tener pluma extra, regla, escuadra, etc., que podrías necesitar para contestar el examen.

Temor a los exámenes

Cuando se pregunta a los estudiantes cuál es su principal preocupación, por lo general contestan que pasar los exámenes. Si eres uno de los que temen a los exámenes, aquí están unas sugerencias para ti: Primero, trata de alterar tu actitud hacia los exámenes. No tienen la intención de torturarte. Comprende que no existe una fórmula mágica para aprobarlos. La ansiedad previa al examen puede dañar tu desempeño y reducir tu calificación. El mejor antídoto es estudiar con mayor efectividad, algo que pronto te mostraremos cómo lograr. Toma tu trabajo en serio. Entre más en serio tomes tus estudios, más gratificado te sentirás de tus logros.

Tendrás que enfrentar uno o ambos tipos de exámenes en tu carrera escolar. Uno es el tipo objetivo, el otro es el tipo de ensayo.

Para el tipo objetivo, sigue las siguientes sugerencias:

1. Revisa las ideas principales pero también sigue la pista a los detalles de apoyo y toma nota de frases poco comunes, palabras llamativas, dichos, lemas y oraciones clave.
2. Cuando te presentes para la prueba objetiva, lee la pregunta dos veces y luego subraya palabras clave como *siempre, nunca, a veces* o *por lo general*, antes de contestar la pregunta.
3. Te ahorrará tiempo si respondes cada pregunta conforme la leas. Deja las que sean difíciles y aque-

llas de las que no estés seguro, y vuelve a ellas después, si tienes tiempo.

4. Si no puedes comprender la pregunta, trata de expresarla de otra manera hasta que la comprendas mejor.
5. Llena todos los espacios en blanco, incluso aquellos de los que no sabes la respuesta. Sin embargo, no empieces a adivinar hasta que termines toda la prueba.
6. Si tienes que completar una oración, puede ser correcta más de una oración. Así que escribe la respuesta si tienes una corazonada al respecto.
7. No vuelvas y cambies las respuestas que has adivinado. Los estudios muestran que tu primera corazonada es correcta por lo general.

Para las pruebas del tipo de ensayo aquí están algunas sugerencias:

1) Las preguntas del tipo de ensayo son más complicadas y necesitan un tipo diferente de preparación. Cuando estudies para una prueba de ensayo, presta atención a principios, conceptos e ideas principales junto con los temas de apoyo. Busca relaciones entre diversos temas, secciones y capítulos.
2) Haz un resumen lo más completo que puedas de lo que estudies. Toma nota de palabras, frases y citas difíciles.
3) Cuando estás respondiendo la prueba, lee las preguntas dos veces. Lee todas las preguntas. Mien-

tras haces esto, estás preparando tu memoria para empezar a trabajar.

4) Cuando escribas una respuesta, puedes hacer una lista de todos los hechos en resumen, luego ampliarlos mientras avanzas.
5) Piensa mientras escribes. No dejes que tu pluma guíe tus pensamientos. Manténte en calma y sereno, y cuando se forme una idea, escríbela.
6) Contesta las preguntas que tienen más calificación primero.
7) Cuando tu respuesta esté conectada con otra en el mismo examen, menciona la conexión en tu respuesta.
8) Responde las preguntas que sabes mejor. Deja algún espacio después de cada respuesta para llenar después si es necesario.
9) Escribe el tema básico primero en cada respuesta, luego amplia. Por ejemplo: "La guerra chino-india estalló en 1962", luego escribe por qué, cómo y como resultado de qué.
10) Subraya las palabras clave en la pregunta que te piden hacer algo como *nombra, describe, compara* y *discute*. Luego responde en forma apropiada.
11) Si se te olvidó algo, trata de traerlo a tu mente pensando en algo con lo que se asocie.

Qué hacer antes del examen

1) Qué tan bien te va en tu prueba dependerá de qué tan bien preparado estés. Estudiar a la carrera

ayudará, pero te dará sólo memoria a corto plazo. Después de unos días, olvidarás todo, y podrías encontrar que tu preparación básica para pruebas posteriores es inadecuada.

También estudiar a la carrera es ineficiente si lo estás haciendo por primera vez y al último minuto.

2) Trata de extender tu preparación en varios días o semanas y siempre revisa cada tema poco después de que se enseñe en clase.
3) Por varios días antes de un examen, trata de tener un mejor descanso y relajación. La noche antes del examen, asegúrate de dormir suficiente.
4) No emplees drogas para mantenerte despierto, antes de los exámenes. Interferirán con la eficiencia de tu cerebro. Evita las medicinas para resfriados que pueden causar somnolencia. No comas de más antes de una prueba. Es preferible ir con hambre.
5) Si te sientes inseguro respecto a la prueba, prepara unas cuantas preguntas muy bien, respondiéndolas en casa dentro del tiempo límite.
6) La noche antes del examen, no dejes que ninguna actividad se interponga en tu revisión y en tu sueño. Además, en el día de la prueba, ve directo de la revisión a la prueba.
7) Examina tu desempeño en cada prueba y trata de averiguar con la ayuda de tus compañeros o maestros, cómo puedes actuar mejor la próxima vez.

Cómo ser un mejor estudiante

Aquí están algunas sugerencias para permitirte convertirte en mejor estudiante de lo que eres en el presente.

Primero: Que te quede claro qué abarca tu plan de estudios antes de que empieces a estudiar, de manera que no pierdas tiempo haciendo trabajo innecesario.

Segundo: Primero estudia con facilidad, agarrando el ritmo de estudiar antes de que abordes la tarea más difícil. En este sentido, tu mente es similar a tus músculos. Necesita un periodo de calentamiento.

Tercero: Estudia tus temas más difíciles mientras todavía estás descansado y, si es posible, separa los temas en unidades pequeñas y manejables.

Cuarto: Estudia algunas horas de un jalón. De esta forma no desperdicias tiempo comenzando y parando una y otra vez. Sin embargo, asegúrate de hacer pausas de unos cuantos minutos más o menos cada hora.

Quinto: Cuando sea tiempo de estudiar, empieza rápido. No te permitas distraerte ni siquiera antes de empezar.

Sexto: Establece un programa definido y no dejes que nadie interfiera con él. Haz esto dividiendo una semana completa en segmentos de una hora y luego marca cada uno de ellos para una actividad específica.

Séptimo: Reserva un momento antes de cada periodo de clase para revisar mentalmente lo que has estudiado. Trata de hacer esto sólo dando un vistazo a tus notas, no leyéndolas.

Octavo: Emplea un sistema de notas y de tomar notas definido y trata de tomar notas en clase sólo en forma de resumen. Presta toda tu atención en clase, alejándote de compañeros que te distraigan.

Noveno: Asegúrate de tomar notas en tus lecturas. Deja mucho espacio en tu cuaderno de notas para adiciones y correcciones.

Décimo: Escribe sólo los temas más importantes en tus notas, además de ejemplos en esquema. No registres pasajes largos y detallados.

Undécimo: Registra en tus propias palabras las principales ideas de lo que lees o de tu maestro. Tendrán más sentido para ti más tarde cuando vuelvas a leer tus notas.

Duodécimo: Trata de resolver tus problemas por ti mismo, pero si todavía estás confuso, busca guía de tu maestro o compañeros.

Décimo tercero: Mantén ordenado tu cuaderno de notas. Las notas desordenadas te desalentarán de estudiar.

Décimo cuarto: Manténte al día. Si dejas material para el último minuto, te sentirás sobrecargado y confuso, y sufrirá tu desempeño.

Décimo quinto: Emplea buena luz para leer. La luz inapropiada hace que los estudiantes estén irritables y poco receptivos al aprendizaje.

Décimo sexto: Ten un plan sistemático para un breve descanso después de las horas de clase. El mejor momento para esto es justo después de volver a casa o antes de la comida.

Décimo séptimo: Manténte alerta en lo mental durante todo el periodo de estudio. Da una caminata rápida y enérgica, respira profundamente ante una ventana abierta, haz algunos ejercicios físicos y remójate la cara con agua fría. Bañarte también puede ayudar.

Décimo octavo: Ignora el ruido y las distracciones mientras estudias. Si el ruido te molesta y no puedes hacer nada al respecto, comienza a buscar otro lugar de estudio.

Décimo noveno: Practica hacer pruebas por tiempo en casa con un oído a la alarma.

Vigésimo: No saltes de un lado a otro en la casa leyendo. Quédate en el lugar que elegiste. Establecerá el hábito del lugar y te ayudará en el proceso de aprendizaje.

Vigésimo primero: Trata de olvidar todas las preocupaciones personales durante los periodos de estudio. Si es necesario, relájate con un ejercicio de contar de 100 a 1 y hazte la sugestión de que nada te preocupará ahora. Recuerda: aprender a relajarse y relajarse para aprender.

Vigésimo segundo: Ten un bloc de apuntes para escribir lo que se te ocurra que debas hacer durante el día. Después de que lo anotes, olvídalo y vuelve al estudio.

Vigésimo tercero: Siempre ten la atención en tus hábitos de estudio para descubrir dónde puedes mejorar. No dudes en experimentar con nuevas técnicas. Trata de ver si puedes formar círculos de estudio con estudiantes serios, de manera que intercambien notas y resuelvan problemas juntos, por un par de horas al día. Compara sus hábitos de estudio con los tuyos. También pide sugerencias a los maestros.

Vigésimo cuarto: Trata de averiguar cuándo aprendes mejor. ¿En la noche o temprano en la mañana? Escoge el momento apropiado.

Vigésimo quinto: Emplea una silla de respaldo recto de manera que no estés demasiado incómodo ni demasiado cómodo.

Vigésimo sexto: No trabajes con una tarea por tanto tiempo que te fatigues en exceso. Son mejores las pausas cortas que las pausas largas durante la tarde.

Vigésimo séptimo: Busca conscientemente oportunidades para aplicar lo que has aprendido, sea en la solución de problemas o en la discusión diaria, incluso en tu vida.

Vigésimo octavo: Ponte a prueba para ver qué tan bien estás aprendiendo. Responde preguntas probables que pueden surgir en el examen.

Vigésimo noveno: Participa en las discusiones de clase. Se recuerda mejor el aprendizaje activo que el pasivo.

Trigésimo: Toma un descanso completo si te sientes sin vigor, inquieto o irritable, por una vez.

Toma de notas rápida

Propósito: Poder tomar notas de conferencias, discursos, conversaciones, dictados, sin la necesidad de taquigrafía convencional.

Duración: Periodos de diez minutos de práctica durante tanto tiempo como se necesite para dominar la técnica.

Postura: Sentado.

Procedimiento

1) Prepara un sistema para escribir a velocidad usando abreviaturas mientras tomas notas.

2) Además de usar abreviaturas, puedes usar también otros detalles para ahorrar tiempo que te ayuden. Aquí están unos ejemplos:
   A) La K mayúscula sin otras letras puede representar "qué" incluso en medio de una oración,
   B) Se puede emplear una línea diagonal "/" para indicar "entre",
   C) Prepara tus propias abreviaturas para palabras que ocurren con mucha frecuencia en tu especialidad o profesión,
   D) Puedes representar la "t" con un trazo largo vertical, mientras que la "l" puede tener un gancho,
   E) Se puede abreviar "por" usando una X.
3) Mientras tomas notas, no es necesario escribir todas las palabras del orador. Si necesitas sólo las ideas principales, sólo unas cuantas oraciones deberían ser suficientes, ya que los oradores tienden a repetir lo que dicen y a intercalar sus ideas con comentarios, bromas y otros temas. Sólo si vas a hacer una trascripción completa de la conversación, se deben poner fielmente todas las declaraciones del orador.

10

Domina tu comunicación

Escucha, persuade, escribe y habla de manera más efectiva

Sumit era un hombre tímido e introvertido, hijo único de un empresario. Completó su carrera de comercio y se unió a la compañía exportadora de su padre. Menos de un año después de que se uniera, murió el padre y cayó en sus hombros la carga de dirigir el negocio. No tenía problemas con manejar los asuntos de rutina del negocio, pero la naturaleza de cambio rápido del mercado de las exportaciones necesitaba en consecuencia adaptaciones rápidas a nuevas exigencias. El dueño necesitaba viajar mucho al exterior e interactuar con clientes a nivel mundial. Al ser de naturaleza retraída, Sumit encontraba difíciles estas interacciones. Por suerte, su padre tenía subalternos capaces en los que podía confiar y uno de ellos aconsejó a Sumit un curso extenso sobre comunicación hablada y escrita. El curso ayudó a Sumit a adquirir las destrezas que necesitaba y a lograr el domino de las operaciones de su compañía. A continuación se expone el contenido del curso:

El arte de escuchar

Propósito: Tomar información importante de otro. Lograr que se digan los significados ocultos de lo que se dice. Descifrar las señales inconscientes que surgen de la conversación de otro. Extraer más información del otro de lo que está dispuesto a revelar.

Duración: Se puede aprender en segmentos de 10 minutos y se practica mientras se escucha una conferencia o durante cualquier conversación.

Postura: Irrelevante.

Procedimiento

1) Contenido en relación con actitud: Ignora los gestos y concéntrate en el contenido de lo que se está diciendo, ya sea en una conversación o una conferencia. A veces estamos tan absortos en la personalidad del orador, su voz, tono y volumen, vocabulario, gramática, ingenio, postura, que descuidamos el mensaje. La arrogancia puede ser la señal de falta de confianza o falta de conocimientos.

Su mensaje podría no ser confiable; podrías tener que verificar los hechos. No tomes las predicciones de un hombre en serio porque las pronunció con un gran alarde de confianza. Siempre verifica en relación con tu experiencia, y si es posible, interrógalo respecto a la base de sus conclusiones.

2) Sé receptivo: No deseches, ni siquiera en tu mente, cualquier opinión contraria a la tuya, o una idea que pudiera parecer absurda a primera vista. Tal rechazo podría costarte tu estado de alerta respecto a información o ideas posteriores del mismo interlocutor que podrían ser valiosas para ti. Una apariencia de atención también aumenta la presunción de la persona y podría soltar más información de lo que haría en otras circunstancias.

3) Estimula al orador con preguntas: Es el tipo de interrupción que apreciará ya que muestra interés. Formula tu pregunta como si lo consideraras una autoridad en el tema; no como si dudaras de sus antecedentes. Con práctica, aprenderás a hacer preguntas de tal manera que dirijas al orador a tu punto de vista, sin parecer hacerlo, y como si hubiera sido su punto de vista desde el principio.

4) Evita las distracciones: Toma notas para mantenerte concentrado en una conferencia aburrida o emplea algunas de las técnicas de la memoria de este libro para asimilar su mensaje completo. En la conversación, donde no puedes tomar notas, reacomoda las declaraciones del orador, en tu mente. Es fácil en particular si habla mucho, ya que los procesos de pensamiento son mucho más rápidos que la habilidad de hablar.

5) Descubre significados ocultos: Muchas comunicaciones, formales e informales, tiene un significado abierto y previsto además de un significado oculto o no intencional. Encontrar el significado oculto puede ayudarte a lograr una ventaja crucial en las negociaciones, además de información importante que podrías necesitar pero que no está disponible de otra manera. Por lo general, se señalan los significados ocultos con palabras como "sin duda", "naturalmente", "por supuesto". Indican que el orador está muy *inseguro* sobre la veracidad de sus propias premisas o declaraciones que prefieren estas frases. Frases como "a propósito", "dicho sea de paso", indican que la declaración a que se refieren dista mucho de ser trivial, sino que al contrario, es muy importante. Cuando el orador hace todo lo posible por explicar por qué no puede hacer algo por ti, significa que *puede,* y lo hará si reaccionas con suficiente fuerza.

En cualquier negociación, puedes estar seguro que la parte opuesta no puede darte ninguna concesión más cuando 1) se vuelve de repente más formal hacia ti, 2) se pone inquieto y distraído, 3) cambia de tema o 4) deja de impulsar su punto de vista. Mientras el negociador muestre interés en la discusión, puedes estar seguro de que puedes persuadirlo a que te dé mejores términos de los que ha acordado hasta el momento.

6) Análisis del contenido: Analiza el contenido de los mensajes hablados en cuanto a veracidad, propósito, conocimiento del orador, su importancia o implicaciones para ti. Serás capaz de hacer esto mejor si estudias el tema de antemano, al menos en resumen, si no en detalle. El conocimiento previo te permitirá entender los consejos y matices que otros, menos informados, pueden no notar.

7) Escuchar es contagioso: Si te percibe como alguien que sabe escuchar, tu interlocutor se sentirá halagado y puede estar más dispuesto a corresponder y escuchar también tu punto de vista.

8) Supera los recelos: La renuencia a discutir un tema puede superarse cambiando el tema a uno del interés de la persona. Cuando ha reunido suficiente velocidad y entusiasmo y ha abarcado su tema lo suficiente, guíalo con suavidad al tema que deseas discutir. Podría estar más dispuesto ahora.

Cómo escribir con efectividad

Propósito: Escribir con claridad, facilidad y en forma interesante y persuasiva, y hablar de la misma manera.

Postura: Irrelevante.

Duración: Se puede practicar en ratos cortos o largos.

Procedimiento

Las reglas de la escritura se aplican a hablar, en privado o en público. De acuerdo a Rudolf Flesch, son:

1) Escribe y habla sobre personas, objetos y hechos. Si estás escribiendo sobre ideas y conceptos abstrac-

tos, ilustra con incidentes, anécdotas y hechos. Emplea imágenes vívidas. Las recordarán.

2) Emplea oraciones cortas. Entre más cortas las oraciones, más fácil que las comprendan. Oraciones de 8 palabras o menos son fáciles de comprender. Todavía son lo bastante fáciles las de 11 a 14 palabras de largo. La oración promedio es de 17 palabras. A partir de ahí, se vuelven cada vez más difíciles, hasta que las oraciones de 29 palabras o más largas llegan a la barrera de la comprensión. Practica descomponer oraciones largas en varias cortas y fáciles.
3) Evita usar demasiadas palabras complejas, cargadas con afijos, como des-apro-ba-ción. Oraciones que tienen hasta 31 por ciento de palabras con afijos son bastante fáciles de leer, luego se vuelven cada vez más difíciles de leer.
4) Evita la escritura impersonal. Emplea el elemento personal. No escribas: "Se descubrió en _____ un nuevo sustituto sintético para la madera. El nuevo producto también puede reemplazar metales y plásticos en diversas aplicaciones". En lugar de eso, escribe: "Científicos en _____ han descubierto un nuevo sustituto para la madera. Los fabricantes de metales también le han encontrado usos, y también los productores de materiales plásticos". Menos de seis referencias personales en cien palabras hacen que el pasaje sea difícil de leer y más difícil de recordar.

5) Emplea voces activas, tanto como puedas. Hacen que tus oraciones se muevan. Demasiados adjetivos tienden a borrar la acción y enfatizar sólo los objetos.
6) Usa puntuación para pausas y énfasis; los puntos para pausas normales entre oraciones, punto y coma para pausas más cortas entre oraciones y coma para pausas dentro de las oraciones. Para pausas más largas entre oraciones emplea párrafos. Emplea paréntesis para palabras u oraciones sin enfatizar y cursivas para elementos enfatizados.
7) Receta para legibilidad: Decide para quién estás escribiendo, reúne todo el material que necesites, decide la estructura de tu escritura, es decir, preguntas y respuestas, anécdota, historia de suspenso, etc.; salpica tu narración con gran cantidad de acción y diálogo: evita las oraciones complejas, con "muchas preposiciones y conjunciones". A continuación está una lista de términos que deberías evitar y emplear sustitutos más cortos en su lugar:

fomentar: . . . . alentar
continuar:. . . . . seguir
complementar: . . . . añadir
adquirir:. . . . . conseguir o ganar
en la línea de:. . . . . como
en cuanto:. . . . . mientras
con el propósito de: . . . . por
por la razón de:. . . . . . . para, por

a favor de:. . . . . para
con el fin de: . . . . para
de acuerdo a: . . . . según
en caso de: . . . . si
en el evento de que: . . . . si
con la naturaleza de:. . . . como
en la vecindad de: . . . . . cerca
en términos de:. . . . . en, por
basado en:. . . . . por
alegando que:. . . . . ya que
previo a:. . . . . antes
con vista a: . . . . para
con referencia a: . . . . . . respecto a
con relación a: . . . . respecto a
con el resultado que:. . . . de manera que:
de acuerdo a: . . . . según
en consecuencia: . . . . . . según
por esta razón: . . . . así
lo que es más:. . . . . entonces
por lo tanto:. . . . . entonces
en adición: . . . . además, también
en realidad: . . . . de hecho
de la misma manera:. . . . así, también
en forma más específica: . por ejemplo, en ese caso
lo que es más:. . . . . ahora, luego

(**Fuente:** *Cómo escribir, hablar y pensar en forma más efectiva,* de Rudolf Flesch).

La legibilidad combina facilidad de lectura con *interés*. Significa que nos empuje a seguir algo que se pone en la escritura. La estructura de palabras y oraciones facilitan la lectura; las palabras y oraciones personales proporcionan el empuje a seguir.

8) Revisa. Acorta las oraciones y hazlas moverse con voces activas. Examina tu puntuación y altérala para lograr que tu ritmo sea correcto.
9) Escribe como si estuvieras hablando de manera informal a tu amigo. Asegúrate de saber de qué vas a escribir; las ideas y los hechos. No te detengas hasta que hayas dicho todo. Para eso, tendrás que organizar tus pensamientos, notas e investigación, antes de comenzar a escribir de manera que no tengas que hacer pausas entre oraciones.

Llena tu escrito con suficiente material para que sea interesante pero no tanto como para abrumar al lector.

Para ser capaz de hacer todo esto, necesitas práctica. Por lo tanto, practica: por un periodo de un mes escribe una carta diaria de 500 palabras a alguien con quien te sientas cómodo escribiendo. Escribe sobre tu programa para escribir cartas, cómo progresas y otras actividades del día. Escribe 500 palabras todos los días, sin fallar, y sin hacer pausas para pensar. Trata de completar tu tarea en media hora. Piensa en lo que vas a decir antes de que comiences y asegúrate de tener suficiente material para continuar. Sé informal. Si se te ocurre algo interesante para tu lector, pero que no esté planeado, úsalo.

10) Una forma de interesar al lector y aumentar su conocimiento de cierto tema es narrar cómo lograste tu experiencia actual desde tu ignorancia previa. Así sería una narración personal que dramatizaría las dificultades que encontraste, cómo las resolviste. Alentaría al lector en un predicamento similar a hacer lo mismo.

Aquí están algunos ejercicios que te ayudarán a lograr esto:

a) Describe en unas 500 palabras tu falta de conocimiento de temas que la mayoría de las personas suelen saber.
b) Narra en alrededor del mismo número de palabras qué destrezas comunes te faltan.
c) ¿Cuáles son tus defectos y discapacidades físicos? Descríbelos en 500 palabras o menos.
d) Narra en alrededor de 500 palabras tu historial financiero, sus éxitos y fracasos.
e) Describe en alrededor de 500 palabras algunos de tus fracasos en la vida.

11) Apégate a los hechos, no a tus opiniones. Si estás discutiendo un caso, hazlo con la ayuda de hechos bien organizados. Cuando escribas de un tema, trata de conseguir tantos hechos como puedas, no sólo los relevantes en el momento. Los hechos que parecen irrelevantes pueden ayudarte a lograr

una mejor perspectiva y hacer tu narrativa más interesante para el lector. Es posible que no enseñes todos los hechos al lector, pero deberías tenerlos a tu disposición cuando comiences tu trabajo. Estos hechos pueden estar en forma de detalles, estadísticas, incidentes, nombres, direcciones, material biográfico, anécdotas, medidas, listas, descripciones. Consíguelos si no los tienes. Aquí están algunos ejercicios para ayudarte a prestar atención a los hechos y presentarlos al lector:

a) Describe un suceso importante en tu vida (primer trabajo, matrimonio, accidente, muerte en la familia) con tanto detalle como puedas. Escribe sobre el clima en el momento del suceso, describe las expresiones en las caras de los participantes, el color de sus atuendos, los alimentos ingeridos, cita lo que se dijo, en palabras de los participantes, etc. Alrededor de 500 palabras.
b) Describe en alrededor de 500 palabras, y con el correspondiente detalle, un suceso reciente al que hayas asistido: un seminario, una gira, un espectáculo musical, una comida campestre, etc.
c) Escribe una narración biográfica de una persona con la que estés muy familiarizado.
d) Escribe en alrededor de 500 palabras una reunión reciente que hayas tenido con una persona que conociste por primera vez en tu vida: un

cliente, un nuevo amigo, un nuevo vecino, un nuevo colega.

12) Si encuentras algo difícil de describir, emplea el diálogo. Como Rudolf Flesch lo expresa: "El diálogo tiene de alguna forma un alcance más amplio que la prosa ordinaria. Puede y a menudo expresa lo inexpresable. Emplea tanto de él como puedas. Mételo a la fuerza en tu escrito con un esfuerzo premeditado".

Aquí están algunos ejercicios para ayudarte a desarrollar el oído para el diálogo.

a) Escribe sobre una película o programa de televisión que viste, empleando tanto diálogo como sea posible. Si no recuerdas las palabras exactas emplea las tuyas, tan cerca como sea posible al original.

b) Emplea tanto diálogo como puedas para describir un evento social reciente.

c) Prueba la misma técnica para una conferencia, seminario o reunión política.

d) Escribe algunas anécdotas humorísticas que sepas, empleando mucho diálogo, y haciéndolas tan humorísticas como sea posible.

e) Reproduce con la mayor fidelidad posible en forma de diálogo una conversación que hayas tenido en el pasado reciente.

f) Emplea diálogo para describir una escena memorable en una película que hayas visto, o en un evento del que fuiste testigo.

13) Nunca subestimes el poder de las anécdotas para dar vida a tu escrito. Incluso pedir al lector que imagine una situación hipotética servirá a tu propósito en ausencia de un incidente real. Por lo tanto, registra toda posible anécdota vinculada con tu tema. Todos los escritores profesionales lo hacen. También, según Rudolf Flesch:

   a) "Evitan toda coma innecesaria y todo *ese* innecesario".
   b) "No escribas palabras que pueden estar implícitas". Es decir, no explican de más cuando la idea es obvia.
   c) "Emplean frases coloquiales para transmitir [sus] ideas". No siempre, pero cuando emplearlas haga más memorable su escrito.
   d) "Emplean los verbos que pueden pensar (por ejemplo: 'Empujó a la chica de un muelle'... 'Se han centrado en 10 compuestos fenólicos')".
   e) "Dejan que nombres, números, datos específicos y citas al pie de la letra narren la historia".

Flesch da al escritor los siguientes consejos adicionales para escribir como profesional:

a) "Pon cada idea en una oración separada",
b) "Comienza con la condición más general y termina con el caso más excepcional",
c) "Expón primero el tema principal",
d) "Anticipa posibles malentendidos",
e) "Da ejemplos ilustrativos".

Aquí está un ejercicio para ayudarte a asimilar el consejo anterior: Escoge un tema de interés general del que pienses que sabes mucho, digamos política, tu deporte favorito, vida familiar, crimen, etc. Luego a) Escribe cinco anécdotas para hacer que se entienda tu punto de vista, b) Elige una de estas anécdotas como el inicio de tu artículo, c) Resume tu artículo en un párrafo poniendo en él tanta información como puedas, d) Haz el ejercicio de tres etapas anterior en otro tema en que te consideres bien enterado.

14) Aquí, entonces están las 24 reglas que resumen todos los temas presentados en este capítulo, en palabras de Flesch:

1) Escribe sobre personas, objetos y hechos.
2) Escribe como hablas (a veces de manera informal, a veces no, según demanda la ocasión).
3) Emplea la primera persona.
4) Cita lo que se dijo.
5) Cita lo que se escribió.
6) Ponte en el lugar del lector.
7) No lastimes los sentimientos del lector.
8) Anticipa malentendidos.
9) No seas breve.
10) Planea un principio, una parte media y un final.

11) Pasa de la regla a la excepción, de lo familiar a lo nuevo.
12) Emplea nombres cortos y abreviaturas.
13) Emplea pronombres en lugar de sustantivos repetitivos.
14) Emplea verbos en lugar de sustantivos.
15) Emplea la voz activa y un tema personal.
16) Emplea cifras pequeñas y redondas.
17) Comienza una nueva oración para cada idea nueva.
18) Especifica. Emplea ilustraciones, casos, ejemplos.
19) Mantén tus oraciones cortas.
20) Mantén tus párrafos cortos.
21) Emplea preguntas directas.
22) Subraya para dar énfasis.
23) Emplea paréntesis para menciones casuales.
24) Haz tu escrito interesante de *ver*.

Cómo hacer presentaciones orales

Propósito: Hablar con efectividad, en forma interesante y persuasiva a reuniones pequeñas o grandes.

Postura: Parado o sentado, dependiendo de la situación.

Duración: La presentación puede requerir algo entre cinco minutos a más de una hora. El tiempo de preparación dependerá de diversos factores, como las dificultades para manejar el tema, tu habilidad para hablar con facilidad y bien, la duración de la presentación y la importancia de la presentación para ti.

Aproximadamente, te debe tomar de veinte minutos a una hora preparar el esquema de tu presentación, de diez a 30 minutos revisarlo. Pero practicar un discurso efectivo de cinco minutos tomará a un novato de 30 minutos a dos horas.

Procedimiento

Tu presentación se puede dividir en tres partes: 1) Introducción, 2) Cuerpo de la presentación y 3) Conclusión.

La introducción logra tres propósitos: a) Atrae la atención del público, b) Involucra al público al ser relevante para sus necesidades y al ser percibido por ellos como útil para satisfacer esas necesidades en alguna forma, c) propone la idea central o propósito de la presentación.

El cuerpo de la presentación expone tu caso con hechos y los principios que los mantienen unidos en tal forma que persuadan al público a aceptar tu propósito central, recordarlo y, si es necesario, actuar en concordancia.

La conclusión resume tu presentación, preparando al público para su final, recordando al público que sus necesidades se están satisfaciendo, repitiendo la idea central, enfatizando sus temas principales, pero no los subordinados, terminando con una anécdota, cita o máxima memorable y apropiada.

Cómo organizar tu presentación

Esto se puede llevar a cabo en nueve pasos:

1) Conoce a tu público: ¿Cuáles son sus intereses, valores, condición social, sexo, edad, nivel de conocimientos? Obtén de tu anfitrión esos detalles y si puedes elegir, averigua sobre qué le gustaría escuchar de ti a tu público. ¿Cuál es la ocasión en que estás hablando?

No olvides averiguar por cuánto se espera que hables. Prepárate con un discurso más corto de lo que se espera de ti, para estar preparado en caso de retrasos.

Asegúrate del emplazamiento físico en que vas a hablar: el tamaño de la habitación, la disposición de los asientos, la acústica, si puedes emplear transparencias, un proyector, etc., la ubicación, cuánto tiempo te tomará llegar de donde sea que salgas, la hora, ¿hay un almuerzo previo o posterior o una función vespertina? Cuando tengas toda esta información, estás listo para dar el siguiente paso y comenzar a preparar tu discurso.

2) Elección del tema: ¿Cuáles son los temas en que estas bien informado? Haz una lista. ¿Interesarían todos ellos a tu público?

Concentra tu punto de atención. Si eres médico, ¿qué aspecto de tu profesión interesaría a tu público? Si es de edad madura, podrías probar: Efectos médicos de la tensión y cómo resolverlos.

Una vez que hayas decidido tu tema, ramifícalo en subtemas: causas de la tensión, síntomas, víctimas más probables...

Decide cómo puedes tener un impacto en tu público con tu conferencia. ¿Puedes persuadirlo de cambiar su estilo de vida a uno más saludable? ¿Qué tanto sabe ya del tema? ¿Cuánto más necesita saber? ¿Mantendrá interesado al público? ¿Se le persuadirá de tu punto de vista? ¿Se esperan puntos de vista contrarios y se contesta a ellos con la información y los argumentos presentados? ¿Se entretendrá al púbico y se le estimulará para recordar y actuar de acuerdo a tus palabras? Elige todo el material que tienes disponible para lograr los resultados precedentes.

3) Cómo abordar las necesidades de tu público: Es posible que tu público no sea homogéneo. Puede abarcar diversos grupos de edad, ambos sexos, intereses diversos, pero como seres humanos tienen en común necesidades como: a) Comodidad, b) Ganancia económica, c) Satisfacción de la curiosidad, d) Libertad de la ansiedad, e) Aceptación de su grupo, f) Seguridad.

Tu presentación debería apelar a una o más de esas necesidades. Puedes hacerlo mediante: ser una autoridad en tu tema, de manera que ganes la confianza del público, persuadiéndolo de que lo que vas a decir les ayudará a resolver algunos de sus problemas, dando tu discurso en un estilo claro, conciso, entretenido, fácil de recordar y memorable.

Por lo tanto, pregúntate: ¿Qué necesidades de este público particular satisface mi tema?

4) Atrapa la atención de tu público: Después de asegurarte de que conoces bien a tu público, ve a presentarte con confianza y espera a que se acomode. Si empiezas a hablar demasiado pronto, se perderán algunas de tus observaciones: sólo espera a que se acomoden para lograr su atención.

Luego presenta tu tema, pero manténlo corto. No le des al público falsas expectativas. Puedes comenzar con una anécdota llamativa de tu experiencia, relevante a tu tema. Las historias siempre son interesantes, pero las historias de introducción siempre deben ser cortas y relevantes. También puedes empezar con una broma, si eres bueno para el humor. Una broma a tu costa será apreciada, haciendo que el público se sienta cómodo. O puedes desafiar al público: "Tengo una pregunta que quisiera saber cuántos de ustedes podrían responder". Pero si el público no responde al desafío, no lo hagas sentir inferior o señales a alguien y trates de hacer que responda. Esta estrategia logrará que tengas la atención, pero también antagonizará a las personas que están frente a ti.

Puedes atraer la atención empleando ayudas visuales o tocando una porción de una cinta de audio relevante a tu presentación. Las ayudas visuales pueden ser transparencias o incluso un solo objeto que hayas llevado contigo para dramatizar tu discurso.

Para mantener la atención que has logrado, salpica tu discurso con hechos poco comunes, más humor, descripciones vívidas de experiencias personales.

Cambia el tono y el nivel de la voz, para adaptarlo al efecto propuesto. No hay nada más aburrido que un discurso monótono de una hora de duración. Haz gestos para enfatizar algo, pero no tantos que distraigan de tu imagen.

5) Desarrolla el cuerpo de tu discurso: Tu discurso debería estar organizado de manera que haya coherencia en él. Tus argumentos y hechos deben estar entrelazados. Enfatiza los temas importantes desarrollándolos en mayor extensión y repitiéndolos. Presenta tus ideas empezando con las menos complicadas y avanzando a las más complejas. También presenta primero los argumentos menos controvertidos y más aceptables y desarróllalos con lógica a partir de ahí.

6) Haz tu discurso significativo y memorable: Se deben ilustrar tus temas y argumentos principales con ejemplos de la vida diaria, de manera que el público los pueda relacionar con él y recordarlos. Presenta tantos temas como sea posible que apliquen en lo personal a tu público. Incluso si estás hablando de una distante situación histórica, recuerda al público qué condiciones estará enfrentando si viviera en el periodo de que estás hablando. Sé detallado y vívido en tus descripciones. Reúne gran cantidad de material de apoyo que puedas encontrar útil en tus presentaciones, si eres un orador habitual.

Puedes emplear un artículo del periódico del día o un anuncio que apareció el día anterior si sirve a tu propósito y ayuda a tu grupo a recordar mejor tus temas. Algo también útil: Historiales de caso, estadísticas, encuestas, informes, analogías. Empléalos para aclarar y apoyar tus temas.

*7) **Relaciona tus pensamientos:*** No saltes de un argumento a otro y de vuelta. Procede en forma lógica añadiendo más argumentos o contrastándolos con el argumento previo, o mostrando el resultado de tu argumento mediante ejemplos, o alternando dos posibilidades entre las que tengas que escoger, o repitiendo el tema para enfatizarlo, o empleando una ayuda visual, como una señal de que estás a punto de terminar o de hacer el resumen.

*8) **Conclusión:*** Emplea algo que atraiga la atención para mostrar a tu público que estás llegando al final. También lo puedes hacer mediante una pausa y repetir el tema de tu conferencia. Luego, dile cómo se relaciona con él. Repite su propósito central y enumera los temas importantes para que los recuerden con facilidad.

*9) **Declaración final:*** Debe ser una anécdota que ilustre en forma dramática el tema de tu presentación, o una llamada a la acción que se resuma en una máxima o cita.

Revisa y prepara para presentar

Mientras revisas tu presentación como la has escrito, verifica lo siguiente:

¿Lo has escrito en su totalidad, oración tras oración, no sólo temas o ideas?

¿Estás satisfecho con todo argumento, ilustración, anécdota? Pide una crítica de amigos.

¿Todo se ajusta entre sí o se desbarata? ¿Se puede seguir con facilidad? Ponlo a prueba en casa con tu familia y hazles preguntas respecto a su comprensión.

¿Tiene unidad, coherencia y el énfasis correcto?

¿Los temas principales son memorables y significativos?

¿Qué ayudas visuales estás empleando?, ¿películas?, ¿transparencias?, ¿rotafolio?, ¿diagramas?, ¿ilustraciones?, ¿modelos?, ¿cintas de audio?

Asegúrate de que funciona el proyector de transparencias antes de hacer la presentación y que las ayudas sean bien visibles y legibles.

¿Vas a distribuir folletos al final?

Haz una lista de control de lo que vas a llevar de manera que no olvides la mitad en tu casa.

Asegúrate de que la calidad de tus ayudas no arruine tu presentación.

11

Domina tu memoria

Soli era un hombre inteligente con mala memoria. Aunque era un estudiante brillante, siempre pensaba que habría sacado calificaciones más altas si su memoria hubiera sido más confiable. Se hizo ingeniero y entró a una gran compañía. Una vez, en un viaje al Reino Unido, Soli vio un programa de la BBC sobre mejoramiento de la memoria, impartido por Tony Buzan. Encontró que el programa era efectivo y decidió leer los libros de Buzan: "Emplea Tu Memoria Perfecta", "Emplea Ambos Lados del Cerebro" y "Lectura de Velocidad", además de obras de otros expertos de la memoria como Harry Lorayne. No mucho después, llegó a ser experto de las técnicas de mejoramiento de la memoria y ahora podía presumir a sus amigos su habilidad para recitar página tras página del contenido de un libro completo. Cuando se retiró, empezó a dirigir clases sobre mejoramiento de la memoria para los ejecutivos de su compañía. Se lanzó, a los 60 años de edad, a una nueva carrera. A continuación están las técnicas elaboradas por expertos de la memoria con el paso de los siglos, que Soli empleó en su propia vida y trabajo.

El sistema romano de la memoria

Propósito: Los antiguos romanos empleaban este sistema para recordar todo lo que necesitaban, desde los temas y anécdotas para un discurso que tenían que impartir al Senado hasta sus listas de compras.

Postura: Irrelevante.

Duración: Variable, pero se puede llevar a cabo en periodos de diez minutos.

Procedimiento

Vamos a decir que deseas recordar tu lista de compras, ya que tiendes a perderla, cada vez que sales, en una u otra tienda. Tal vez quieras comprar un vestido para ti, crema de afeitar para tu esposo, un juguete para el hijo pequeño, cuatro tipos de vegetales para cenar y una bufanda a tu suegro.

Ahora, para adoptar las técnicas de los romanos, imagina los artículos que estás planeando comprar, ubicados en lugares extraños de tu sala. Por ejemplo, la bufanda de tu suegro atada alrededor de la televisión, de las cuatro verduras, tres atadas a las hojas de tu ventilador de techo, la cuarta colgando del centro, el juguete para tu hijo, un elefante de hule, pegado al centro de una mesa como un trofeo de caza, la crema para afeitar para tu marido vaciada como un gran desorden sobre toda la mesa del comedor y tu vestido como cortina sobre el retrato de la deidad de tu familia, como si lo estuviera tejiendo, sin intención de ser falta de respeto. Visualiza esta imagen absurda en tu mente de la forma más colorida posible y nunca la olvidarás. Con práctica, también crecerá tu poder de visualización.

Si tu sala es pequeña y tienes que recordar una lista grande, imagina una habitación grande amueblada con todo tipo de accesorios que puedas imaginar: candelabros, sofás de época, tapetes en las paredes, pinturas, armarios, bustos y esculturas de bronce y marfil, cabezas disecadas de leones, elefantes, jabalíes, etc. Emplea tu imaginación para amueblar una casa completa de diez habitaciones. Podrás recordar una enorme lista colgando sus elementos por toda la casa en lugares tan incongruentes como sea posible y luego dando una vuelta imaginaria por la casa antes de ir a tu viaje de compras, para asegurar que todos los elementos estén ahí. Es preferible exhibir los elementos en tu casa imaginaria, desde la entrada hasta la última habitación, por un decir, la cocina, en la secuencia que planeas comprarlos, de manera que la tarea se haga más simple y no se descuide nada intermedio.

También puedes emplear esta técnica para recordar anécdotas que planeas narrar en un discurso. Todo lo que debes hacer es colocar los personajes principales de cada una de tus anécdotas en posturas y vestuarios memorables en las diversas habitaciones de tu casa imaginaria. Durante el curso de tu discurso, da un paseo imaginario en tu casa, presentando los personajes y las anécdotas que representan, a tu público.

Puedes fingir que tu discurso es un viaje guiado a tu casa, que es más como un museo de las ideas que se presentan en tu discurso. Por ejemplo, si estás dando un discurso sobre la drogadicción, puedes tener en exhibición las diversas drogas, con etiquetas, en enormes botellas en la sala de entrada. Explica en tu discurso qué son esas drogas, cómo se producen, cómo se ven, cómo se emplean. Luego continúa a la siguiente habitación, donde están alojadas las víctimas de una droga en particular. Describe cuáles son sus hábitos, cómo llegan a ser adictos, cuáles son los síntomas, etc., y así adelante. Tu imaginación es el único límite para lo que puedes hacer con el sistema.

El sistema de vinculación

Propósito: Recordar cifras como números telefónicos además de temas como el contenido de un libro.

Postura: Irrelevante.

Duración: Menos de diez minutos por número.

Procedimiento

Stanislaus von Winckelmann ideó este sistema por primera vez en 1648 y más adelante lo desarrolló el doctor Richard Grey y von Feinaigle.

Consiste en vincular cada dígito, de 0 a 9 a un sonido de consonante:

0 = s, z, c (cuando suena como "z")
1 = d, t
2 = n, ñ
3 = m
4 = r
5 = l, ll
6 = j, ch, g (cuando suena como "j")
7 = g, k, c (cuando suena como "k")
8 = f, v
9 = b, p

Es probable que puedas memorizarlo. Otra forma de recordar es con la ayuda de las siguientes semejanzas.

1) t y d tienen un trazo hacia abajo
2) n tiene dos trazos hacia abajo
3) m tiene tres trazos hacia abajo
4) r es la penúltima letra de "cuatro"
5) Tus 5 dedos con el pulgar hacia afuera tienen forma de L aplastada.
6) La j se parece al 6 visto en un espejo
7) La K mayúscula está formada por dos sietes
8) Una f en manuscrita tiene dos círculos como el 8
9) Cuando giras la b, tienes 9
10) z es la última letra del alfabeto, cero el último dígito.

Para recordar un número tendrás que convertirlo en una palabra o frase y asociarlo con la persona relacionada con él. Por ejemplo, vamos a decir que el número local de la Tierra de la Diversión es 3 7 8 4 3 6. Está representado por m, c, v, r, m, j. Añadiendo vocales intermedias, inventas una frase, en este caso: "mi cueva remoja". Visualiza un comercial de Disneylandia, o un banderín sobre la entrada de la Tierra de la Diversión con el lema: "mi cueva remoja". Esta imagen y frase serían mucho más fáciles de recordar que el número. Al final del capítulo explicaré otros usos que puedes dar a este sistema.

El sistema de enlace

Propósito: El mismo que en los Sistemas Romanos.
Postura: Irrelevante.
Duración: Menos de diez minutos en promedio.

Procedimiento

Es una variación del Sistema Romano. En lugar de imaginar una casa en la cual colgar tus elementos de compra, los cuelgas en diferentes partes de tu cuerpo, o de los edificios en la calle en que estás comprando.

En el segundo caso, exagera el tamaño de los elementos que estás colgando, haciéndolos casi tan grandes como los edificios mismos.

El sistema de número-objeto

Propósito: Recordar una lista de elementos en cualquier secuencia requerida.

Postura: Irrelevante.

Duración: Menos de diez minutos para una lista de diez elementos.

Procedimiento

Vincula los diez dígitos con 10 objetos a los que pienses que se parecen.

Por ejemplo:

1 = Lápiz
2 = Cisne
3 = Anteojos sin montura
4 = Bote navegando
5 = Anzuelo
6 = Palo de golf
7 = Bandera
8 = Reloj de arena
9 = Raqueta de tenis
10 = Diez de Downing Street, la residencia del primer ministro británico.

Ahora supón que tienes 10 palabras para recordar:

1) Calculadora
2) Televisión
3) Zapato
4) Cama
5) Aeroplano

6) Toalla
7) Tabla de planchar
8) Cumpleaños
9) Planeta
10) Nieve

Para recordarlas, imagina mentalmente estas palabras junto con los objetos, vinculados originalmente por su semejanza con los dígitos en cuestión. Por ejemplo, un lápiz que sale de una calculadora, un cisne en la televisión, etc., hasta que tengas nieve dentro del Diez de Downing Street, la residencia del primer ministro británico. Ahora es fácil recordar cada elemento en cualquier secuencia deseada.

Puedes recordar un conjunto adicional de 10 artículos imaginando los objetos con forma de número atados con un listón rojo brillante. Por lo tanto, si tu elemento once es helado, imagina un lápiz atado con un listón a un helado. Y así adelante.

El sistema de rimar

Propósito: Recordar listas cortas.
Postura: Irrelevante.
Duración: Menos de diez minutos.

Procedimiento

Aquí los 10 dígitos están vinculados a sustantivos concretos que rimen.

Por ejemplo:

1 = rulo
2 = arroz
3 = pez
4 = cuadro
5 = cinto
6 = maíz
7 = grillete
8 = corcho
9 = nieve
10 = pies

Ahora recuerda una lista de digamos:

1 = Serpiente
2 = Freno
3 = Lago
4 = Rosa
5 = Palabra
6 = Desorden
7 = Tela
8 = Gente
9 = Pan
10 = Rosa

Como en ejercicios previos, imagina una serpiente con rulos en la cabellera; un auto que frena sobre arroz, etc., lo que facilita que recuerdes una lista de 10 o incluso de 20 elementos.

Debes elegir el sistema más apropiado para ti de todos los anteriores.

Cómo usar los sistemas de memoria

Ya has aprendido a utilizar los sistemas de memoria para recordar todo tipo de listas y números telefónicos. También los puedes emplear para recordar tus citas en cualquier momento y en cualquier día de la semana, al igual que para recordar grandes fragmentos de información, el contenido de un artículo, el de un libro completo o para recordar fechas históricas importantes.

Cómo recordar Citas: Por ejemplo, digamos que tienes una cita el sábado con tu médico a las 7 p. m. (es decir, a las 19 horas). Primero asigna un número a cada uno de los días de la semana.

Domingo	=	1
Lunes	=	2
Martes	=	3
Miércoles	=	4
Jueves	=	5
Viernes	=	6
Sábado	=	7

Así que tu cita es a las 7 1 9, es decir, sábado, a las 19 horas. Empleando el sistema de vinculación, convierte el número en letras, es decir, c o g para 7, t o d para 1 y b o p para 9. Así que tienes: c, t, p
o g, d, b
o c, t, p, etc.

Puedes elegir el último y hacer que las palabras formadas con él digan: Con TaPa y visualizar al médico tapando los dientes. O, si eliges el segundo grupo de letras, la frase podría ser Gas DoBle, pensando en el anestésico.

Contenido de libro o artículo

Primero debes saber que recordar no es un sustituto para la comprensión. Sólo cuando has comprendido el contenido de un libro puedes esperar recordarlo.

Cuando lees un artículo o libro, subraya una palabra o frase que resume la idea contenida en un párrafo particular. Por ejemplo, vamos a decir que en la página 17, párrafo 4, está la idea "los peces son animales de sangre fría".

Empleando el sistema de vinculación para convertir la página 017 (en caso de que el libro tenga más de 100 páginas pero menos de 1,000) y el párrafo 04, el número combinado es 01704, tienes las letras s o z, t o d, k o c, s o z, r, que se pueden combinar para que diga eSTe CaSeRo y te puedes imaginar un pez en su acuario (su casa) con cubos de hielo rojo (para recordarte la sangre fría).

Estas imágenes mentales son fáciles de recordar y difíciles de olvidar, y con práctica puedes recordar el contenido de un libro completo, página por página, párrafo por párrafo. Inténtalo.

Fechas Históricas: Imagina que debes recordar las fechas de la conquista de Goa por parte de los portugueses (1510) y su liberación por parte de la India (1961). Emplea el sistema de vinculación: 1510 se convierte en t o d, l, t o d, s o z, lo que produce la frase Día de LímiTeS. Imagina a los invasores portugueses imponiendo sus reglas ahí. Y 1961 se convierte en t o d, b o p, j o s, t o d, produciendo la frase ToPe de SaliDa, e imagina que ahí termina la dominación europea en la India. En esta forma puedes memorizar cualquier cantidad de fechas importantes.

El hecho importante a notar en todos los sistemas de memoria precedentes y de su uso en tu vida, es que hasta el momento le has dado poca oportunidad de exhibirse a los poderes de visualización de tu cerebro derecho. Una vez que lo hagas, encontrarás que tu memoria se amplía muchas veces.

12

Domina tu salud y condición física

Atul era un entusiasta de la salud física. Durante toda la escuela y la universidad corrió, jugó futbol y cricket, hizo lagartijas, compró un aparato de ejercicios y trabajó en él con regularidad. También tomó un curso de yoga. Llegó a contador público e ingresó a una compañía de contadores donde tenía que dedicar muchas horas de trabajo. Vivía en las afueras de Bombay y transportarse a la ciudad le quitaba otras tres horas de su tiempo.

Ahora encontraba poco tiempo para ejercitarse. Aumentó de peso y perdió su condición física. Hasta que descubrió que no podía soportarlo más. Hizo un inventario de su tiempo libre, el tiempo que desperdiciaba viajando y esperando camiones y citas y decidió elaborar un programa de acondicionamiento físico que utilizara todos los pedazos de tiempo a su disposición.

Antes de que pasara muchos tiempo, otra vez estaba en su mejor estado de salud y se veía con tan buena condición física como nunca antes, ya que perdió el peso excesivo. A cualquiera que se quejara de falta de tiempo para hacer sus sesiones de ejercicios, le entregaba su nuevo plan de acondicionamiento físico. Aquí está.

Un programa de acondicionamiento físico para el día

Propósito: Aprovechar todo tiempo utilizable pero desperdiciado para mejorar tu tono físico y la salud general.

Postura: Varía de ejercicio a ejercicio.

Duración: Varía de unos cuantos segundos a 10 minutos por vez. Consulta a tu médico si tienes presión sanguínea alta o problemas cardiacos.

Procedimiento: *Mañana en la cama.*

1) No saltes fuera de la cama en cuanto te despiertes. Estírate con calma. Primero recuéstate de espaldas y estira un lado de tu cuerpo, luego el otro. Extiéndete lo más que puedas con brazos y piernas. Bosteza mientras te estiras.
2) Flexiona tus articulaciones… tobillos, rodillas, brazos, muñecas, dedos de manos y pies.
3) Gira tu cabeza de un lado a otro, con lentitud.
4) Pon planas las plantas de los pies contra el colchón y presiona hacia abajo con la parte más estrecha de la espalda.

5) Recuéstate con una almohada colocada bajo tus hombros de manera que tu cabeza caiga hacia atrás. Ahora eleva la cabeza lo bastante alto para ver la parte dorsal de tus pies. Inhala mientras dejas que la cabeza baje de nuevo al colchón, y exhala mientras la levantas de nuevo. Empieza con cinco levantamientos de cabeza y aumenta a 20.
6) Todavía recostado de espaldas, estira los brazos a ambos lados. Manténlos extendidos. Levanta una pierna con lentitud hacia el techo, luego crúzala sobre el cuerpo, estirando la pierna lo más cerca de la mano opuesta como puedas. Los hombros deben mantenerse firmemente pegados al colchón. Las caderas pueden girar y las rodillas doblarse tanto como sea necesario. Levanta la pierna de nuevo y bájala contra la otra pierna. Repite con la otra pierna. Haz el ejercicio varias veces. (Recomendado para aliviar tensión y dolor de espalda por muchos médicos.)
7) Frota las plantas de los pies entre sí mientras estás recostado de espaldas. Frota cada pie y pierna tan alto como puedas con el otro pie. Esto mejorará su circulación.
8) Frota tu abdomen con la palma de alguna de las manos, comenzando en el ombligo, en círculos cada vez más grandes. Luego invierte la dirección y frota el abdomen en círculos cada vez más estrechos. Mantén tu mente en el movimiento de la mano.

El calentamiento del día

Palmaditas faciales: Aparenta que tus manos son los pies ágiles de un niño. Pásalas por encima de tu cara, con suavidad, por medio minuto. Te sentirás vigorizado.

Sacudidas: Deja caer tus manos a tus costados y con suavidad sacúdelas. Luego sacúdelas desde tus codos, luego desde los hombros. Continúa con tu pie derecho. Sacúdelo desde el tobillo, luego desde la rodilla, por último desde la cadera. Repite con el pie izquierdo. Todo el ejercicio toma 30 segundos.

Tocar los dedos de los pies: Separa las piernas de manera que los pies estén separados el ancho de los hombros. Trata de tocar los dedos del pie izquierdo con los dedos de la mano derecha sin doblar la rodilla. Vuelve a la posición de inicio y trata de tocar tus dedos del pie derecho con los dedos de tu mano izquierda. Repite tantas veces como puedas en un minuto.

Estiramientos al cielo: Pon tus piernas algo separadas. Estírate hacia el cielo con la mano derecha, estirándola lo más que puedas, luego estírate hacia el cielo con la mano izquierda. Repite varias veces en sucesión rápida por un minuto.

Salto de tijera: Párate con los brazos en los costados. Mientras los levantas directamente hacia arriba y se encuentran sobre tu cabeza, salta separando las piernas. Vuelve a bajar los brazos, mientras saltas y junta los pies. Repite rápidamente por un minuto.

Marchar en el mismo lugar: Pon los pies separados por el ancho de los hombros, los brazos en tus costados. Una pierna a la vez, levanta la pierna desde la rodilla pero no la extiendas más alto que la cadera. Luego baja, no dejes caer. Repite con la otra pierna. Haz paso de ganso de esta manera con mucha rapidez por medio minuto sin forzarte.

Lagartijas: Pon ambas manos en el piso apenas separadas del cuerpo a la altura del pecho, las piernas rectas detrás de ti. Mantén la espalda en línea recta con tus piernas... no dejes que las caderas se salgan de la línea, o que tu cabeza cuelgue hacia abajo o que tu vientre caiga. Baja el pecho, tan cerca del piso como sea posible. Levántalo de nuevo. Haz tantas veces como puedas por un minuto.

Respiración profunda: Recuéstate de espaldas y respira profundamente por 30 segundos. Mientras respiras, concéntrate en relajar tu cuerpo. Comienza con tu cabeza moviéndose pasando en forma progresiva hacia tus pies, hasta que tu cuerpo esté totalmente relajado.

Balanceo de brazos: Extiende las piernas de manera que los pies estén separados el ancho de los hombros. Párate erguido. Con los brazos estirados hacia afuera de tus costados, los dedos estirándose hacia las paredes opuestas, gíralos lo más lejos que puedas a cada lado.

Repite derecha, centro, izquierda por un minuto.

Ejercicio para enfriamiento: Parado erguido, deja que el peso de tu cabeza te dirija mientras te estiras hacia abajo, vértebra tras vértebra, hasta que tu nariz llega tan cerca de tus rodillas como sea posible. Tus rodillas deben estar un poco dobladas, no rectas y rígidas. Deja que tus brazos cuelguen libres. Vuelve a la posición original, con lentitud. Respira profundamente. Repite por 30 segundos.

Durante el día: parado en una fila

Tonificación del cuello: Mantén tu cuerpo recto pero gira la cabeza lo más que puedas a la derecha y luego a la izquierda.

Tonificación de la cintura: Mantén la parte baja del cuerpo recta. Mueve sólo el torso, de la cintura hacia arriba, lo más que puedas a la izquierda, luego a la derecha, como si estuvieras buscando a alguien.

Ejercicios isométricos: Existen ejercicios estacionarios para mejorar tu postura y figura. Aprieta y relaja los músculos de sentarte varias veces. Presiona los muslos entre sí tanto como puedas. Aprieta las manos detrás de tus caderas, luego jálalas hacia abajo desde los hombros, de manera que te duela un poco la espalda.

Giro de la muñeca: Para mejorar la circulación aprieta los puños, luego separa los dedos. Estíralos separándose. Gira las muñecas en ambas direcciones. Dobla las muñecas hacia arriba y hacia abajo. Sacude las manos sueltas. Esto fortalecerá tus manos.

Balanceo de pie: Gira lentamente hacia delante sobre los dedos, luego balancéate hacia tus talones. Balancea el peso a la parte externa de los pies y dobla los dedos de los pies hacia dentro. Balancea el peso hacia el interior del pie, dobla los dedos de los pies hacia arriba. Mejora la fuerza y la coordinación de los pies.

Ejercicios para la oficina

Ejercicios isotónicos sentado mientras estás al teléfono: Con la mano libre sostén un pisapapeles o directorio telefónico pesado y levántalo directo hacia el techo, luego bájalo detrás de tu cabeza tanto como puedas con comodidad. Balancéalo directamente al lado, luego haz varios círculos con el brazo con el primero en una dirección luego en la otra. Balancéalo directamente al lado, luego hacia delante para tocar tu pecho. Lentamente bájalo hacia el lado y toca el piso con él más o menos a treinta centímetros de tu silla. (Debes tener privacidad, o tus colegas deben saber de antemano qué estás haciendo. Podrías convertirlos en entusiastas de la condición física.)

Ejercicios isométricos sentado: Aprieta los músculos para sentarse y aprieta las rodillas entre sí. Aprieta los músculos abdominales y jálalos hacia la columna vertebral. Presiona con el brazo libre bajo tu escritorio como si quisieras levantarlo.

Extensiones de piernas: Mientras estás sentado, aprieta los músculos abdominales y estira una pierna a la vez frente a ti. En esta posición, levántalo y bájalo varios centímetros. Sosténte de tu escritorio, aprieta los abdominales y estira ambas piernas horizontalmente frente a ti. Asegúrate de sostener el teléfono con una mano diferente cada vez, de manera que ambas tengan el beneficio del ejercicio.

Cuando hayas estado sentado demasiado tiempo: Camina al baño y haz los siguientes ejercicios por un par de minutos: Párate con los pies un poco separados, los dedos de los pies apuntando al frente. Mantén la espalda *recta* y los talones en el piso. Baja tu cuerpo alrededor de treinta centímetros doblando las rodillas. No olvides mantener las rodillas directamente sobre los dedos medios de los pies de manera que tu peso esté distribuido uniformemente.

Párate con los pies separados, las rodillas dobladas un poco. Mantén los músculos abdominales apretados, mueve tus caderas primero a un lado, luego al otro, sin mecerte hacia adelante o atrás. Mejora la flexibilidad de la cadera.

Gira tus tobillos primero en una dirección, luego en la otra. Separa y mueve los dedos de los pies, de preferencia después de quitarte los zapatos.

Tonificación de la cara: Haz un óvalo tenso con tu boca. Trata de cerrar los labios sobre los dientes. Al mismo tiempo, cierra los ojos y eleva las cejas. Tensando la boca, jala las comisuras de la boca formando una sonrisa con la ayuda de los músculos superiores de la mejilla. Siente la tensión en los músculos de tu cara. Relájalos con lentitud. Trata de inflar los labios como un globo. Sostén unos segundos, luego relaja. Combate las arrugas en la cara.

Tonificación del muslo: Párate a treinta centímetros de la pared, los pies mirando directamente al frente. Desliza tu espalda hacia abajo de la pared, hasta que sientas presión en tus muslos.

Hunde los músculos abdominales y mantén esta posición. Deslízate hacia arriba de la pared. Si es muy duro, deslízate hacia abajo, al piso. Al final podrás mantener la posición con los muslos paralelos al piso. Trata de mantener la posición por periodos más y más largos.

Mientras estás en un auto: En un semáforo hunde el estómago y manténlo hasta que la luz se pone verde. Deja caer la cabeza hacia el frente, luego poco a poco gírala hacia la derecha, luego de vuelta, luego a la izquierda, luego de nuevo hacia delante. Mantén sueltos los hombros. Gira tu cabeza de nuevo en la dirección inversa. Mantén tu cuerpo inmóvil mientras giras la cabeza tanto hacia la izquierda como puedas, entonces a la derecha. Alivia la rigidez y mejora la circulación.

Levanta los hombros hacia tus oídos. Luego bájalos y relájalos. Eleva un hombro por vez, contrayéndolo mientras relajas el otro. Si tus manos están en el volante, y esperas a que el tráfico se mueva, gira los hombros en círculos pequeños, primero hacia delante y luego hacia atrás. Jala los hombros hacia atrás como si trataras de hacer que los omóplatos se tocaran entre sí. Sostén por un momento. Luego afloja. Alivia la tensión de los hombros.

Inhala profundamente a través de la nariz. Sostén la respiración por un rato, sacando la lengua lo más posible... trata de tocar tu mentón. (Cubre tu boca con un papel o libro, para que la gente no lo note.) Abre los ojos tanto como sea posible. Exhala a través de la boca abierta, haciendo un sonido de ja.

En un elevador o esperándolo: Mete el estómago, como si planearas que tocara tu espalda. Presiona entre sí la parte interna de los muslos. Aprieta las manos frente a tu pecho, presiónalas entre sí. Luego trata de jalarlas separándolas. Dobla los brazos frente a tu pecho con las palmas reposando en los antebrazos justo encima de tus codos. Empuja. Dobla los brazos detrás de ti, las palmas sujetando los antebrazos.

Empuja los brazos para que se junten entonces, trata de separarlos. Mantén cada postura por 6 a 10 segundos.

Masaje de acupresión de manos y pies para cualquier momento

a) **Para dolores de cabeza:** Presiona profundamente a lo largo de los pulgares. Si encuentras un punto adolorido, dale masaje por unos minutos, luego sigue adelante. Algunos dolores de cabeza necesitan presión en el primer dedo y en la piel suelta entre el pulgar y el índice. ¡Se informa que es bueno también para resacas!

b) **Para gargantas irritadas y cuellos tensos:** Presiona a lo largo de la parte baja del pulgar y a lo largo de los bordes de la uña del pulgar más cercanos al dedo índice.

c) **Para problemas estomacales:** Presiona el área entre el pulgar y el índice. Fomenta la digestión al masajear esta área después de cada comida.

d) **Reduce el sentimiento de frío:** Da masaje a tu tercer y cuarto dedos.

e) **Para salud general:** Gira una botella de refresco en el piso con cada pie por vez, ejerciendo algo de presión, de los dedos de los pies al talón.

Para refrescar los ojos: Mientras estás sentado a la mesa o escritorio, cierra los ojos con fuerza por varios segundos. Mientras relajas tus párpados cerrados, apoya los codos en la mesa y cubre ambos ojos por completo con las palmas de las manos. *No* hagas presión sobre los ojos. Siente la relajación de la oscuridad total. Haz unas inspiraciones profundas, sintiendo que tu abdomen y costillas se expanden. Mientras exhalas, imagina las vibraciones de energía de tu respiración que van al área de los ojos. Con los ojos cerrados así y cubiertos imagina que estás viendo lejos en la distancia... a campos verdes y cielos azules interminables.

Con los ojos cerrados y cubiertos, imagina en detalle una escena que sea, al mismo tiempo, agradable, relajante y llena de movimiento. Por ejemplo, visualiza una escena de playa. Observa las olas mientras rompen, llegar a la carrera y retroceder, dejando la arena de un color más oscuro. Sigue con tus ojos una brillante pelota de playa cuando la lanzan algunos chiquillos.

Masaje para los ojos:

Empleando los tres dedos medios, presiona con firmeza a lo largo de las crestas de hueso sobre y debajo de los ojos. Muévete del borde interno al borde externo del ojo. Descubrirás puntos que son sensibles en particular. Tus ojos se sentirán descansados, refrescados y fortalecidos. Salpica agua fría en tus ojos al menos dos veces al día.

Masaje de sienes y hombros: La tensión se alivia mediante masaje en la frente con las palmas de tus manos. La tensión a menudo se acumula en la base del cráneo en la parte superior de la columna vertebral.

Ayuda dar masaje al área con las puntas de los dedos. Presiona con las puntas de los dedos a lo largo de la parte superior de la frente, a lo largo de la línea del cabello. Da masaje a las sienes con un movimiento giratorio suave.

Masajea la parte superior de los hombros. La mayoría de las personas almacena ahí las tensiones. Presiona unos segundos cualquier punto adolorido. Encuentra la pequeña hendidura central y presiónala con movimiento vibratorio. Sujeta los músculos grandes del hombro pegados al cuello con la otra mano. Mientras los sostienes con firmeza, haz girar el hombro. Trabaja en ambos hombros de la misma manera.

Si encuentras algún punto adolorido en el proceso de masajear, lograrás un alivio más efectivo si puedes presionarlo por 5 a 7 minutos.

Ejercicio de revitalización: Siéntate o quédate de pie en una posición cómoda y endereza tu columna vertebral. Imagina una bola de energía radiante sobre tu cabeza. Imagina que mientras respiras profundamente, jalas hacia dentro esta energía. Mantén esta energía radiante en tu cuerpo mientras exhalas con lentitud, visualizando que todas las tensiones dejan tu cuerpo y mente.

La mayoría de las personas respira 20 a 22 veces por minuto. Reducir esta velocidad aumentará tu energía.

Visualización de la salud general: Visualízate sano y fuerte. A menudo concéntrate en esta imagen. Imagínate siendo jalado hacia adentro del sol. Siente que te absorbe. Piensa en todo lo que entra en tu boca como algo curativo y fortalecedor.

Recostado en la cama, tratando de dormir: Infla los músculos abdominales como si trataras de romper tu cinturón. Mientras lo haces, inhala un poco, pero no profundamente. Sostén tanto como puedas. Luego relaja. Repite. Para el momento en que repitas esto cuatro a cinco veces, estarás dormido.

TÍTULOS DE ESTA COLECCIÓN

- 7 mantras
- 31 mantras para desarrollar la personalidad
- Alimentos que están matándote
- Cómo controlar la ira
- Cómo cuidar tu corazón
- Cómo estudiar con éxito
- Cómo mantenerse siempre feliz
- Controla tu mente y dile adiós al estrés
- ¿Cuál es tu CI emocional?
- De la desesperación a la alegría
- Descubre tus talentos ocultos
- Diabetes. Su control
- El éxito a través delpensamiento positivo
- El libro de la etiqueta y los buenos modales
- El poder curativo de los mudras
- Elimina tu estrés
- Excelencia, métodos y conceptos
- Hipócrates y el poder curativo de los alimentos
- La sabiduría del liderazgo
- Libérate del dolor de espalda y cervicales
- Libertad de pensamiento
- Los sueños. Su lenguaje y significado
- Memoria viva
- Numerología. Conoce los números de la suerte
- Por favor mamá, ¡es mi vida!
- Ser un ganador
- Vida después de la muerte

Impreso en Offset Libra

Francisco I. Madero 31

San Miguel Iztacalco,

México, D.F.